重庆工商大学土地资源管理国家级一流本科专业建设经费支持

农业绿色发展背景下秸秆还田对坡耕地质量影响研究

陈　帅　骆东奇　王兆林　郑诗小　张兴义　著

中国农业出版社

北　京

前　　言

　　绿色发展是当前广为推崇的一种可持续发展模式，兼顾了经济效益和环境效益。农业绿色发展的定义为坚持环境友好的发展理念，保证粮食安全，强化资源的综合利用，推进绿色的农业生产方式，以保证农业的可持续发展能力。我国的秸秆资源丰富，每年的秸秆产量较大，但如何进行处理、怎样实现其资源化利用已成为当前急需解决的农业问题。

　　东北黑土区作为我国重要的商品粮基地，约有 60％的旱作农田为坡耕地。由于受到自然因素和人类的不合理生产经营活动的影响，该区域目前水土流失严重且呈发展加剧的态势，对国家粮食安全构成了较大的威胁。已有研究表明，秸秆覆盖还田能够降低溅蚀，增加土壤入渗，起到了很好的水土保持作用，提升了土地质量。当前东北实施的黑土地保护工程，多将秸秆通过翻耕深埋于亚耕层。已有研究多聚焦于秸秆还田对土壤质量的恢复作用，而东北黑土区秸秆还田对土地质量的影响尚不清晰，少有报道。本研究于 2015—2018 年在中国科学院海伦水土保持监测研究站，通过小区定位监测和系统测定，研究不同秸秆还田方式对于土地质量的影响，包括土壤的物理结构、化学养分、水土保持功效、水力侵蚀影响以及风力侵蚀影响等内容。取得的主要研究结果如下。

　　秸秆覆盖还田具有显著的水土保持作用，同时深翻埋还田也具有较好的水土保持作用。相较于传统耕作，免耕秸秆覆盖还田处理可增加 0～150 厘米土壤 3% 年均储水量和 19.3% 表层土壤入渗率；可减少年均 4 次产流次数，减少年均 3 次产沙次数，年均地表径流仅为 3.5 毫米，可减少地表径流 79.1%；年均土壤侵蚀量为 10.1 吨/千米^2，表土流失减少 95%，且远低于东北黑土允许年流失量 200 吨/千米^2。与传统耕作相比，秸秆深翻埋还田处理对 0～150 厘米土壤年均储水量无明显影响，但可增加表层土壤 20% 初始入渗率，减少年均 3 次产流次数，减少年均 2 次产沙次数，年均地表径流和土壤侵蚀量分别为 5.9 毫米和 23.5 吨/千米^2，比传统耕作分别减少 66.1% 和 89.4%。研究结果表明，免耕秸秆覆盖和深翻埋均具有很好的水土保持作用，且覆盖还田优于深翻埋还田。

秸秆覆盖还田和深翻埋还田均能增加耕层养分，改善土壤结构。与传统耕作相比，免耕秸秆覆盖还田可显著增加 0～10 厘米土层的土壤有机质、全氮、全磷和全钾含量，分别增加 16.3%、18.5%、26.2% 和 7.7%，并对 10～20 厘米土层的土壤有机质和全氮含量也有显著提高作用；秸秆深翻埋还田处理对 0～10 厘米土层的营养元素含量无显著作用，但对 10～30 厘米土层的养分含量均有显著增加效果，可分别增加土壤有机质含量 52.6%、全氮含量 99.5%、全磷含量 62.7% 和全钾含量 25.9%；免耕秸秆覆盖还田对于土壤表层的容重和孔隙度虽无明显改善作用，却可显著降低土壤表层三相比的 R 值，促进土壤团聚化，并增加其稳定性，土壤水稳性团聚体 $R_{0.25}$、MWD 和 GWD 分别增加了 10.7%、43.4% 和 18.8%；秸秆深翻埋还田处理对土壤表层的容重、孔隙度、三相比 R 值和水稳性团聚体的稳定性并无显著影响，但可增加土壤表层非毛管孔隙度和促进 10～30 厘米土层的大粒径土壤水稳性团聚体形成以及增强水稳性团聚体的稳定性。免耕秸秆覆盖和深翻埋均实现了秸秆全量还田，可增加土壤养分，促进土壤团聚化作用，有效改善犁底层土壤的结构和养分状况。

免耕秸秆覆盖还田处理相较于传统耕作处理小区，能有效地减少径流次数、径流量、输沙次数以及侵蚀量。同时传统耕作处理小区所产生的径流量和侵蚀量与作物的生育期、降雨强度和降雨分布有直接关系，即在作物播种期不易产生地表径流和土壤侵蚀，在作物苗期极易产生地表径流和土壤侵蚀，在作物生长旺盛期不易产生地表径流和土壤侵蚀，在作物成熟期易产生地表径流和土壤侵蚀。无论是长期田间观测数据还是单次降雨事件观测结果，秸秆覆盖还田处理下坡度为5°的坡耕地小区（NT-5）地表径流量和土壤流失量均最小，传统耕作处理下坡度为5°的坡耕地小区（NT-5）地表径流量和土壤流失量均最小，故在东北黑土区坡耕地采取秸秆覆盖还田的耕作方式可减少当前水力侵蚀对于黑土区坡耕地土壤质量的影响。

研究区域风力侵蚀过程中，风蚀物最主要的传输方式为蠕移，秸秆覆盖还田处理和传统耕作处理中蠕移对于整体土壤风蚀的贡献力分别为81.15%和84.07%；在距地表0.5米高度所收集到的风蚀量是整个观测高度（0.2~2米）内收集到风蚀量最多的一个高度。除此之外，本研究发现在研究区域内的耕作方式、降雨、风速和土壤含水量对农田风蚀均有一定影响，其中田间风蚀物与研究区域内的最大风速和平均风速均成显著的正相关（$P \leqslant 0.05$）。与传统耕作相比，秸秆覆盖还田处理可有效减少农田表层土壤的蠕移以及跃移的可蚀性土壤颗粒，即秸秆覆盖还田可有效减少耕地表层的风蚀作用，而传统耕作处理由于相较于秸秆覆盖还田处理无地表覆盖物的遮挡，会更易受到降雨和土壤水分的影响，因此在东北黑土区进行传统耕作会增加农田土壤侵蚀的发生。

综上所述，作为秸秆全量还田的免耕覆盖还田和深翻埋还田，均具有较好的水土保持和恢复土壤质量的作用。虽然目前试验区内深翻埋还田处理对于坡耕地小区的水土保持作用弱于免耕覆盖还田，但相较于免耕覆盖还田，秸秆深翻埋还田可有效改善土壤犁底层的孔隙结构及肥力状况，显著增强土壤入渗性能，并提供部分作物根系所需营养，尤其是能够增加作物产量，可应用性强。无论是覆盖还是深翻埋秸秆还田均可明显提升坡耕地土地质量，可在东北黑土区坡耕地推广应用。

著　者

2022 年 8 月

目　　录

第1章 引　　言

1.1　研究目的及意义

2017年9月，中共中央办公厅、国务院办公厅印发的《关于创新体制机制推进农业绿色发展的意见》指出，必须尊重农业发展规律，转变农业发展方式，优化农业空间布局，节约利用农业资源，保护农产品产地环境，提升农业生态服务功能。黑土高产丰产，面临土地肥力透支的问题，习近平总书记在吉林考察时强调一定要采取有效措施，保护好黑土地这一"耕地中的大熊猫"。坡耕地是东北黑土区尤其是冷凉地区的一种主要土地类型，因属温带半湿润大陆性季风气候区，该区降雨集中发生在夏季，可占整年降雨量的90%左右，同时由于降雨强度较大，该区极易产生地表径流、进而导致水土流失等现象的发生（陈雪等，2008；范昊明等，2004）。在人为耕作、土壤侵蚀以及气候变化等的共同作用下，黑土生态环境被破坏、固土能力下降、土壤保水及保肥能力下降、水土流失加剧以及黑土层被剥蚀，极大地损伤了其可持续生产粮食的能力（沈昌蒲等，2005；范建荣等，2002）。当前在黑土坡耕地中可看到大量切沟的分布，且有研究表明黑土区坡耕地中约有1/4的土地已成为"破皮黄"，由于切沟是土壤水蚀中最严重的表现形式，因此在黑土区所进行的土地开发工作已导致严重的水土流失现象发生（刘宝元等，2008）。我国东北黑土区目前存在严重的土壤流失和退化现象，其主要原因是当地农民长期不合理的耕作方式以及日常农业管理措施，最终导致黑土层的厚度随着开垦年限的增加而减少，同时其土壤理化性质也逐渐变差，因此若不改变这一不合理的耕作方式，当地黑土的流失速度会逐渐加剧（范昊明等，2004）。而欧美农业发达国家为了防止黑土退化进行了耕作制度的改革，逐渐形成了以秸秆还田保护性耕作体系为核心的技术体系，该体系不仅能减少土壤侵蚀和地表径流，而且能够改善土壤结构和提高土壤肥力，同时降低耕作成本和提高经济效益（Li et al.，2016；Zhao et al.，2016；Pannell et al.，2014；Sharma et al.，2011）。

秸秆田间露天焚烧，不仅污染大气，还存在火灾风险和交通安全隐患；收集后随意堆放，不仅影响村容村貌，也有水体污染风险（吴文玉等，2019；张景源等，2019；从宏斌等，2020）。围绕农业绿色发展的总体要求，借鉴国内外秸秆综合利用的主要成效与经验做法，以提升秸秆利用质量效益为目标，探索秸秆综合利用长效机制，对于彰显农业绿色本色、推进东北地区农业持续、健康发展具有重要意义。秸秆还田作为一项提高土壤肥力的措施，可以使过度利用后的黑土有机质得到一定程度的补充、遏制黑土退化，同时增加了土壤蓄水能力并改善了土壤环境（马星竹等，2009；崔明等，2007）。但也有研究指出在黑土区岗平地玉米—大豆轮作体系下采取秸秆覆盖免耕措施会出现玉米明显减产、大豆产量变化不明显的现象，而在坡耕地玉米—大豆轮作体系下进行秸秆覆盖免耕措施会出现玉米产量变化不明显、大豆明显增产的现象，因此可以看出，秸秆还田被认为是黑土区坡耕地综合治理的发展方向（Chen et al.，2011）。但是，黑土区秸秆开发利用率仍较低，秸秆焚烧现象大范围存在，秸秆还田比例还处于较低水平，秸秆的利用方式和还田程度存在很大差异。由于还田秸秆的腐解是一个复杂而漫长的过程，秸秆还田后在适宜的环境条件下经过微生物作用发生腐解，释放出秸秆中的各种营养物质，一部分改善土壤性质，一部分被作物吸收利用，还有一部分用于补充作物收获后造成的养分流失。但是我国东北黑土区地处温带季风气候区，年平均气温低，冬季寒冷漫长，秸秆分解缓慢，采用常规方式还田秸秆不易分解，且秸秆残茬已严重影响到来年机械作业和作物播种质量（王如芳等，2011），秸秆分解速度慢已成为该区秸秆还田技术大面积推广应用的瓶颈。因此，明晰秸秆还田对土壤物理性状、土壤养分的影响，这对促进作物秸秆等废弃物转化，提高养分利用率，实现提高土壤质量、促进作物增产并减少土壤侵蚀，保障国家商品粮基地建设和促进黑土区水土保持的发展均具有非常重要的理论和应用价值。

水土保持功效作为评价水土保持效应的重要结构，主要以渗透速率、径流量和输沙量等指标进行表征（吕刚等，2008；韦红波等，2002；Giménez et al.，2001）。水分通过入渗可进入土壤中，除了少量渗漏在深层外，大部分直接作为土壤水储存土壤中，当遇到降雨超过土壤入渗速度时，就会产生径流，经过一段时间汇集后形成地表径流并冲刷土壤，导致水土流失的现象发生。当前关于黑土区坡耕地水土流失的研究多集中在不同耕作措施或工程措施对于该区水土流失防治的比较（宿敏敏等，2017；隋媛媛等，2014；赵玉明等，2012；董萍、严力蛟，2011）、土壤侵蚀的过程及机理（边锋等，2016；郑粉莉等，2016；温磊磊等；2015）和土壤养分的流失（宿敏敏等，2017；沈奕彤、郭成久，2016；赵旭珍、李纯乾，2016）等方面，而鲜有或未考虑坡耕地秸秆还田的作用。本书基于坡耕地径流小区两年的田间观测实验，阐明不同还田方式对坡耕地小区土壤养分、结构及水土保持功效的影响。因此本书以农业绿色发展为前提，系统分析秸秆还田方式的可行性和应用前景，对提高耕地质量、改善土壤结构、缓解土壤侵蚀具有重要的理论和实践意义。

1.2 国内外研究进展

1.2.1 农业绿色发展的概念及内涵研究

1.2.1.1 农业绿色发展的概念

绿色发展是农业的基本形态，是一个人类通过利用自然和涵养自然而形成的生态微循环，但随着农业生产的不断发展，出现了人口爆发性增长、专业化分工以及社会化大生产等现象，促进了化肥、农药等农用化学品的大量使用，使得"石化农业"和"白色农业"等现象逐渐呈现，最终对农业面源污染和生态环境退化产生加剧作用（刘建峰，2018；肖华堂等，2021）。在20世纪30年代，学者Rachel（1962）为了唤醒人类对农产品质量以及生态环境保护问题的重视，列举了多项在日常生活中发生的由于农用化学品使用而导致的安全事故。20世纪80年代，由于发达国家的生态环境恶化和农产品污染等问题逐步加剧，导致出现如疯牛病等一系列问题，迫使各国政府重新对农业发展的问题进行探讨，以求促进绿色、优质、安全农产品的生产，推动了农业绿色发展的进一步研究（Moon、sonn，1996；李里特，1997）。在我国，农业绿色发展是优秀农耕文化的宝贵结晶，在中华民族长期发展进程中，形成了趋时避害的农时观，辨土施肥、用养结合的地力观，化害为利、变废为宝的循环观等，为推动当代农业绿色发展提供了重要思想文化资源。

　　农业的发展最初被学者划定为两种类型：现代农业和传统农业（Antonio et al.，2009），其中传统农业虽然对资源环境有良好的利用与涵养作用，但是存在生产效率低下的弊端；而现代农业通过技术手段的创新以及农用化学品的增加，使得其具备较高的生产效率，但对于资源环境构成了一定的威胁。因此，在社会需求压力逐渐增加、农业功能逐步实现多元化和高级化的过程中（严立冬、崔元锋，2009），急需建立一个涵盖两种农业生产方式的理论框架，以汲取现代农业和传统农业的优势，同时摒弃两者的劣势，要求与生态农业目标一致，并在农业耕作中保护产地环境，最终推动农业农村的可持续发展（Sarudi et al.，2003）。基于以上背景和要求，农业绿色发展的理念逐步被完善为：一种以生态农业为基础，兼具科技化与绿色化的农业生产方式（周旗，2004；Pimentel et al.，2005）。

随着农产品质量问题的关注度逐渐上升，农业绿色发展的定义被不断深化和扩充。Koohafkan（2012）和李由甲（2017）等学者认为对于农业绿色发展的定义，需以农产品的安全生产作为目标，对农业生产要素配置结构进行科学有效的调整，同时在保证农产品安全供给的前提下实现生态环境的不断优化；罗必良（2017）认为农业绿色发展的定义中，应包含三层含义，即在保障农产品安全的同时也需实现生态资源的安全、保障农产品数量安全的同时要实现农产品质量的安全、改善农民生存境况的同时要维护整个社会的长治久安；叶兴庆（2019）认为农业绿色发展应符合当前的绿色标准，同时需要政策的支持，以促进农业生产由"黄"转向"绿"，达到资源节约和环境友好的效果；金书秦等（2020）将农业绿色发展的概念界定为3个层次（去污、提质和增效），即农业生产过程的清洁化去污、产地绿色化和产品优质化以及绿色成为农业高质量发展的内生动力。魏琦（2018）、缪建明（2019）和孙炜琳等（2019）则认为农业绿色发展需要以尊重自然为前提，以绿色发展制度建设和机制创新作为保障，以现代技术为支撑，以农业可持续发展为目标，同时他们将我国的农业绿色发展分为四个阶段：以粮为纲的"自然绿色"阶段（1949—1980年）、农业快速发展和资源环境出现的"双重"阶段（1981—2002年）、由于资源环境问题而引起的重视阶段（2003—2012年）和以新发展理念推进农业绿色发展的起步阶段（2013年至今）。我国作为一个农业大国，农业的发展是我国经济发展的一个重要部分，而农业的发展对物质要素的依赖性较强，同时会受到农业资源和环境的双重约束，并且水资源和耕地等要素的使用与治理也与农业的发展息息相关（余欣荣，2018）。当前农业生态环境已成为在实现农业现代化进程中的一个突出短板，这一生态环境问题必须解决，因此绿色发展成为我国农业生态文明建设的主流。

1.2.1.2 农业绿色发展的内涵

农业绿色发展是一项系统性工程，具备丰富的理论内涵，大量学者对农业绿色发展的内涵界定以及其协调发展机理方面进行了理论解析。王红梅（2016）认为粗放的农业生产方式具备高投入、高能耗以及高污染等特点，使得生态环境承载能力逐步接近其极限，导致农业面源污染越来越严重，环境压力加大。刘旭等（2017）指出只有对当前的农业发展方式进行转变，才能为美丽乡村的建设带来新机遇。因此，科学认识农业绿色发展，准确把握农业绿色发展内涵，对于深刻、全面理解农业现代化发展道路，有效推进地方实践，促进农业可持续发展具有重要意义（孙炜琳等，2019）。

于法稳（2016）认为农业发展过程中需要始终坚持绿色化的发展方向，将"绿色"作为经济、社会、生态和谐发展目标的基础，要充分利用当前先进的科学技术来指导农民进行种植和养殖等过程；郝春颖和谢矿（2019）认为提高农业发展质量的重心应放在减少农业的无效供给方面；管延芳（2017）则针对我国的土地管理，提出利用土地流转信托来推进我国的农业绿色发展，目的在于使得我国的土地信托从起步阶段就步入绿色发展道路。尹昌斌等（2021）学者认为农业绿色发展的内涵包括农业布局的绿色化、资源利用的绿色化、生产手段的绿色化、产业的绿色化、产品的绿色化以及消费的绿色化等方面，即空间布局绿色化是实现农业绿色发展的前提、农业资源绿色化是农业生产可持续发展的重要物质基础、农业生产绿色化是农业生产过程中对于自然环境和生态环境不产生污染的保证、农业产业绿色化是促进农村一二三产业融合发展的系统基础、农产品供给绿色化是满足人民群众不断增长的健康绿色农产品需求的保障、农产品消费的绿色化是农业绿色发展的重要引擎。因此，农业绿色发展是农业现代化的必然选择，当前我国在农业绿色发展的过程中，需推动农业可持续发展观念从过去简单注重环保向生命共同体发展的高度转变，关注资源、安全、健康、产业、环境多重目标协同实现。

1.2.2 秸秆还田研究现状及趋势

1.2.2.1 秸秆资源利用现状

秸秆是农业生产中最主要的副产品，主要是指在秋季收获籽实后田间留下的农作物茎秆部分，是当前我国生物质资源中一个很重要的组分（Li et al.，2018；Li et al.，2017；Recous et al.，1995）。Li et al.（2017）估测了我国当前每年可产出 5 种主要作物（玉米、水稻、小麦、大豆和土豆）的秸秆量可接近 6 亿吨。但由于缺乏对其合理的认识，多数农村对农作物秸秆资源的使用现状仍是直接在田间直接焚烧或乱堆乱放，既浪费了秸秆资源，又造成了水体面源污染、大气污染以及对农田生态环境的破坏（Silalertruksa et al.，2013；毕于运，2010；Bakht et al.，2009；刘建胜，2005；Shah et al.，2003；钟华平等，2003）。因此很多国家开展了关于秸秆资源利用的研究，结果表明，相较于将秸秆作为饲料、燃料和工业原料等用途，通过还田作为土壤肥料的方式对其养分利用率最高（Wang et al.，2010；张燕，2009；高祥照等，2002），这是因为秸秆中含有丰富的营养元素，通过腐解作用可扩充土壤中的养分储量。同时通过秸秆还田还可以减少农田中的化肥的施用量，并解决由于对秸秆进行直接焚烧和在农田直接乱堆乱放所带来的各种环境污染问题（李逢雨，2007）。

秸秆还田由于能够明显地促进土壤肥力和作物产量的增加，被认为是对作物秸秆的利用中最有利于环境的方法（Li et al.，2018）。根据将作物秸秆进行还田的方式，可大致分为秸秆直接还田和秸秆间接还田。秸秆直接还田是指在农作物收获后先将其籽实全部运出，之后将其余部分直接留在田间进行农田土壤培肥，主要包括秸秆覆盖还田、秸秆翻压还田和留高茬还田。除了秸秆直接还田的方式外，作物秸秆可在秋收籽实后先进行收集并转化为有机肥料或生物炭，之后再进行还田，这种方式为秸秆间接还田（Li et al.，2018）。由于直接还田具有操作简单易行、工作量少、成本较低和易于推广的特点，其逐渐成为我国普遍选用的还田方式（季陆鹰等，2012）。我国地域辽阔，各区域的气候、土壤、作物及种植方式均有所不同，因此不同区域所采取的秸秆还田方式也有差异，如在东北地区主要采取将玉米秸秆或水稻秸秆粉碎后翻压还田（王金武等，2015；王如芳等，2011）；在华北和西北地区主要采取将小麦秸秆留高茬还田或将玉米秸秆粉碎翻压还田（王凤山等，2014；李玮等，2013）；在西南和长江中下游地区的作物由于多是玉米、小麦、水稻和油菜，因此多采用在水田中翻压还田（李继福等，2016；韩新忠等，2012；冯春福等，2009）；而在旱地区域则常采用秸秆覆盖还田的方式（曾木祥等，2002）。同样在国外农业发达的地区对于秸秆还田的应用也十分广泛，大多数采用机械化作业方式，收获作物主产品的同时将作物秸秆切成短截，之后均匀地铺撒在田里，并通过翻压和腐化来增加土壤的有机质（Petric et al.，2009；Roca-Pérez et al.，2009；Zayed et al.，2005）。无论是何种秸秆还田方式，均能够对作物生长的农田生态环境进行一定程度的改善。因此，在农田中进行秸秆还田是一种农业可持续发展的有效措施和途径。

1.2.2.2 秸秆还田效应的研究现状

国内外关于秸秆还田功能的有关研究已有将近一个世纪的历史。农业生态系统中作物秸秆是碎屑食物链中的重要资源，反过来也可以推动生态系统的服务功能（de Vries et al.，2013）。基于田间试验观测发现将作物秸秆平铺至土壤表面，会降低土壤表面温度、减少不必要的水分蒸发、促进土壤水分的有效利用、增加土壤的保水性和土壤团聚体的稳定性（Mulumba et al.，2008）。周凌云等（1996）的研究显示，黄潮土经过 3 年的秸秆覆盖还田试验后，还田处理的 0～20 厘米土层的土壤容重比对照组下降 1.5%，总孔隙度增加 2%；范伟等（2017）研究说明黑钙土采用秸秆覆盖还田和翻压还田后，分别相较于对照组使容重下降 12.16% 和 28.37%，因此秸秆覆盖还田和翻压还田均可降低农田中的土壤容重。同时秸秆还田对于土壤的水分利用效率有明显的促进作用（Guo et al.，2013）。无论秸秆覆盖还田还是秸秆翻压还田均有良好的保水效果，一方面秸秆覆盖还田可以减少土壤与大气的接触面积，通过降低土壤温度和减少土壤水分蒸发量来降低水分的散失量（Dahiya et al.，2007；于晓蕾等，2007）；另一方面秸秆翻压还田可以通过阻断土壤剖面中存在的毛细管来保持深层土壤中的水分（乔海龙等，2006）。秸秆还田还可影响土壤微生物的活性，通过土壤微生物的一系列生理活动增加土壤团聚体的稳定性。还田秸秆腐解后生成的腐殖酸会与土壤中的钙、镁元素粘结，进而形成大量水稳性团聚体（贝费尔，1983）。郭天雷等（2017）的研究结果显示秸秆覆盖还田比对照组无秸秆还田增加 39.92% 的大粒级土壤团聚体（>5 毫米）并提高土壤的团聚体稳定状况。

秸秆还田还可以通过增加土壤中有机质的含量和活化其他养分（氮、磷、钾）来提高土壤肥力（Gupta et al.，2009；汪金平等，2006）。已有研究说明若将 1 000 千克秸秆进行还田，可增加土壤有机质 150 千克，并且土壤中氮、磷、钾养分的增量相当于分别施用碳铵 15.0 千克、过磷酸钙 8 千克和硫酸钾 5.6 千克（Shelton et al.，1997）。纤维素、半纤维素和木质素是作物秸秆的主要成分，因此在土壤微生物的腐解作用下还田秸秆可被部分分解转化成土壤有机质，因此有助于土壤有机质的积累（Gupta et al.，2009；李清泉，2008）。同时还田秸秆还可通过提升土壤中所施氮肥的利用率（黄绍敏等，2006）、减少土壤中磷素的流失量（Kumar et al.，2004）和增加土壤中各种形态存在的钾素含量（谭德水等，2007）来提升土壤肥力。并且有研究结果发现秸秆还田对于土壤养分的增加有明显的累积效应，即当秸秆还田的年限在 10 年以下时，土壤中各养分的含量均随年限的增加而呈不断上升的趋势，但其上升幅度会逐渐下降，当秸秆还田年限达到 10 年以上时，土壤中的有机碳和各种养分则均趋于一定的饱和状态（张聪等，2018）。

秸秆还田还可改变土壤的生物性状，在提高土壤呼吸速率（李玮等，2012）、增加土壤微生物的数量（Castro et al.，2010）、增强土壤中的酶活性（陶军等，2010）方面有明显效果。有研究结果表明随着还田秸秆的数量不断增加，土壤中的 CO_2 释放量逐渐增加（强学彩等，2004），是由于还田秸秆可造成土壤的碳氮比增大，改善了土壤微生物活动的所需条件（孟凡乔等，2000），促进了土壤微生物的生长和繁殖，导致土壤微生物数量增加（Rogers et al.，2001），进而提高了土壤的呼吸速率。同时由于土壤酶的主要来源是土壤微生物和动植物的残体（Jones，1998），秸秆还田可显著增加土壤中脲酶、碱性磷酸酶和过氧化氢酶的活性（徐国伟等，2009），进而影响土壤中的生物化学过程。

除此之外，秸秆覆盖免耕已成为欧美农业发达国家的最主要水土保持措施。20 世纪 30 年代发生的美国"黑风暴"事件，对当地的农业产生不可估计的损失（Fryrear et al.，1977），该事件促进了世界各地对于能够保土、保水的耕作方法的研究。美国土壤保持局经过半个世纪的努力，逐渐形成了一套以起垄耕作、覆盖耕作、带状耕作和免耕等为主的，较为完善的土壤保护性耕作技术体系（Stewart，1988）。该技术在防止扬尘、减少侵蚀（Giménez et al.，2008）、蓄水保墒（Novak et al.，2000）、培肥地力、保护环境和增加当地的农民收入等方面有着相较于其他耕作方式所不能替代的作用（韩泽华，2008）。到 2010 年，美国已有 50％的耕地采用秸秆覆盖免耕技术。该技术的主要原理有以下三点：一是通过增加地表残茬及秸秆覆盖减少地面径流，使土壤吸收更多雨水同时减少水分蒸发；二是提高土壤导水率和增加土壤表层的水分入渗；三是通过减少土壤耕翻次数以降低土壤水分的散失量（Lindstrom et al.，1998；Myers et al.，1996；刘元保等，1990；Stein 等，1986）。由于该技术对保持土壤水分有明显的作用，在世界各地均得到大力推广，如南美洲的巴西、阿根廷等国成为世界上秸秆覆盖免耕技术应用较广的国家（Benites et al.，2003）；英国、德国、法国等欧洲国家以及亚洲的日本、印度、菲律宾等国均在此技术上进行了更深的研究（Borresen et al.，2003；Husnjak et al.，2003；Mrabet，2003）。而我国则是从 20 世纪 90 年代开始对秸秆覆盖免耕技术进行系统研究，主要是从生产的角度出发考虑问题，侧重于提高产量、提高土壤肥力、降低成本和能耗等经济效益方面的研究（王改玲等，2011；高亚军等，2005），而缺乏对于该体系在防止坡耕地的侵蚀机理方面所进行的深入研究和定量模拟研究。综上所述，目前我国关于秸秆还田效应的研究方向主要在于其对于土壤的物理、化学和生物方面的影响，这三方面多侧重于土壤利用方式下的影响，很少考虑土壤保护方面，尤其是其水土保持功效的研究未得到关注。

1.2.3　坡耕地土地质量研究进展

1.2.3.1　坡耕地土壤侵蚀对土壤理化性状的影响

土壤侵蚀是世界上最严重的农业和环境问题之一（Borrelli et al.，2017）。土地利用不当和管理不善会加速肥沃表土的流失，阻碍生产力农田的可持续性（Yu et al.，2003；Borrelli et al.，2017）。雨滴对土壤的剥离和地表径流的泥沙运输是降雨诱导侵蚀的两个重要组成部分（Wakiyama et al.，2010；Kiani - Harchegani et al.，2018）。土壤的剥离过程实质上是雨滴直接破坏土壤团聚体的过程（Barthes et al.，2002；Xiao 等，2015），这个过程对于我国东北黑土区的土壤质量尤其关键，因为在土壤剥离的过程中，首先会去除有机物，会导致作物产量的大幅度降低。当前，东北黑土区作为我国重要的"粮食基地"，在 20 世纪 60～80 年代，受到大规模集约化和密集耕作的影响，导致其水土流失问题日益突出，有研究表明当前东北黑土层的厚度已从 20 世纪 50 年代的 50～80 厘米减少到 20～40 厘米（Zhang et al.，2007），且部分地区的侵蚀严重，出现母质暴露的现象，对土壤质量和作物产量均构成了极大威胁（Yang et al.，2016；Gu et al.，2018）。因此，针对东北黑土区的土壤质量研究，需要充分了解侵蚀对于土壤理化性状的影响。

土壤的物理结构通常使用土壤机械组成、土壤孔隙、土壤团聚体等指标进行表征，其中土壤机械组成作为结构的物质基础，对于土壤质地以及养分具有重要的作用。李光录等（2008）通过对不同坡度土壤受侵蚀影响后土壤黏粒含量的变化进行研究，结果表明黏粒含量随坡度的增大而降低，而沙粒则呈相反趋势。李裕元等（2010）针对径流在坡面迁移的过程中土壤黏粒的变化情况进行研究，表明径流极易携带土壤黏粒向坡下移动并沉积，且随着坡度的增加，黏粒流失量也呈现增加的趋势。Warrington 等（2009）则通过对不同土壤侵蚀强度下的泥沙颗粒组成进行研究，得出土壤黏粒含量的大小受到降雨对于土壤表层团聚体破坏的影响，即随着降雨强度的不断增加，土壤表层团聚体的破坏率逐渐增大，导致土壤黏粒的流失量增加。因此，大量研究表明土壤侵蚀的发生会导致土壤黏粒含量的减少，且由于土壤黏粒具备蓄存水分的重要作用，其大量流失会直接导致土壤中孔隙数量的增加，使得水土流失现象更为严重（水利部，2010）。土壤孔隙作为土壤中的水、肥、气、热交换的重要场所，对于土壤的结构也有直接影响，主要体现在涵养水源和改良土壤两个方面，一般是由于土壤中动物的挖掘、植物根系生长、干湿交替作用、冻融作用以及其他化学作用而造成的（刘伟等，2001）。有研究表明，干湿交替作用会使膨胀土的土壤裂隙呈逐渐发育趋势，但当干湿交替次数到达一定程度后，随着干湿交替的次数增加土壤粒径的体积不断减小，最终会导致土壤中的裂隙停止发育（张家俊等，2011）；冻融作用对于土壤孔隙的作用与孔隙的大小有关，土壤大孔隙相较于小孔隙更易受到冻融作用的影响，特别是孔径为 20～40 微米的孔隙，且随着冻融作用的交替次数增加，土壤孔隙内壁的粗糙程度与孔隙结构的复杂程度均降低（张英，2015）；农业生产耕作的过程中，翻耕、松土等作业也会促使土壤孔隙度发生变化（童文杰等，2016），因此甘磊等（2017）在对比免耕与常规耕作土壤孔隙度后发现，免耕中土壤孔隙度显著高于常规耕作的土壤孔隙度。Oygarden et al.（1997）曾指出在土壤中，孔隙孔径的大小对于土壤的入渗能力有直接影响，当土壤颗粒中存在大量大孔隙或裂纹较多时，其入渗排水的过程会导致土壤流失现象出现，且这部分土壤流失量远远大于由于地表径流导致的土壤颗粒的流失量。王勇强等（2007）通过室内模拟实验，得出降雨是导致土壤侵蚀的重要因素的结论，研究结果说明降雨的过程中，雨滴的击溅作用会直接携带土壤表层的土粒，同时破坏土壤的孔隙度和团聚体结构，降低土壤的入渗能力和抗蚀能力，导致土壤表面的径流量增加，加剧土壤流失现象。除此之外，土壤团聚体作为土壤结构的基本单元，其稳定性可作为土壤抵抗外力作用时保持其原有形态的能力（胡国成，2000），被认为是土壤结构稳定性及可蚀性的重要评价指标（史奕等，2002），是土壤保水和保肥的基础（Oztas et al.，2003）。已有学者研究表明，土壤的侵蚀过程是伴随着土壤团聚体分裂而形成的细小土壤团粒，这些土粒在受到降雨击溅和径流冲刷等作用后会在土壤表层发生位移，最终产生土壤侵蚀现象（Ellison，1945）；在黑土土壤侵蚀过程的研究中，发现水力侵蚀更易于破坏土壤团聚体，且对于土壤中的微团聚体有优先迁移的作用（申艳等，2008）；土壤中的水稳性团聚体百分含量增加会显著提高土壤的抗蚀能力，而土壤团聚体的破坏会加剧土壤侵蚀的产生（卢嘉，2012；王润泽等，2018）。因此，土壤侵蚀的发生会直接导致土壤中的团聚体结构发生破坏，而土壤结构的破坏是导致水土流失严重的重要原因之一。

土壤养分作为表征耕地质量与肥力的重要指标，是农作物生长的必要条件（Massey，2013）。土壤侵蚀是造成土壤养分含量降低的关键驱动因子，已有研究表明随着土壤侵蚀强度的增加，土壤有机碳（SOC）、全氮（TN）、碱解氮（AN）、速效磷（AP）等含量随之降低，且土壤养分的减少幅度与侵蚀强度相对应（郑粉莉等，2010；牛晓音等，2014；魏晗梅等，2021）。降雨作为土壤侵蚀的主导因素之一，不同降雨强度对土壤养分的流失作用也不同，随着降雨时间的增加，土壤中的氮（N）和磷（P）养分流失速度会不断增大，且在降雨1小时后会达到最大值（Flanagan et al.，1989）。针对不同坡面的土壤侵蚀过程中土壤养分流失情况的研究表明，随着坡耕地的坡度增大，降雨冲刷能力增强，进而对土壤结构的破坏力加大，导致土壤中的 TN 和 SOC 富集系数不断降低（Ghadiri et al.，1991）。土壤养分的含量还会受到土壤结构破坏的影响，受降雨过程中的雨滴击溅作用和地表径流的冲刷作用影响，土壤表层的结构及稳定性会受到严重破坏，产生大量的泥沙，使得依附在土壤颗粒表面及团聚体的土壤养分被地表径流携带而大量流失（Gburek et al.，1998；Gao et al.，2004）。针对东北黑土区的研究表明，地表径流导致的黑土流失达 1 亿米^3 以上，其中流失土壤中的 N、P、K 元素的流失量相当于 400 万～500 万标吨化肥（胡国华等，2004；崔峰，2006；张玉斌等，2007）。在不同土壤侵蚀程度的影响下，土壤中的不同养分含量会随着土壤侵蚀程度的增加而不同程度地降低，即土壤有机质减少 5.8%～46.1%、TN 含量降低 1.8%～47.6%、全磷（TP）含量降低 10.0%～42.7%、AP 含量降低 8.0%～43.3%（景国臣等，2008）。模拟降雨的条件下，针对不同坡长及植被下的土壤侵蚀研究表明，土壤中的 TP 流失量与植被覆盖率呈负相关，且随坡长增加，TP 流失量减少（范晓娟等，2017）。坡耕地土壤受到坡面径流的影响，水土流失会将富含养分的黑土带走，呈现出坡下土壤养分高于坡上的现象，更为严重的水土流失会直接导致土壤中的有机质含量降低，最终导致农作物的产量降低（赵赛东，2015）。近些年，由于人类的不断开垦和使用机械，使得我国黑土区的坡耕地土壤侵蚀现象日益严重，导致土壤物理结构以及化学养分均受到不同程度的破坏，产生土壤颗粒的迁移、土层变薄、养分流失以及土壤肥力退化等现象，最终阻碍农业的可持续发展（James et al.，2002；张孝存等，2013）。

1.2.3.2 坡耕地水土保持功效研究进展及存在的问题

（1）坡耕地土壤侵蚀方法研究现状。东北黑土区的地形特点为坡缓且长，其一般坡度多在 7°以下，而坡长一般为 200～1 000 米（Li et al.，2016；Liu et al.，2011）。坡耕地是当地主要的耕地资源，吕刚等（2009）研究发现在我国东北地区，坡耕地大多数分布在 3°～15°坡面上，约占当地耕地总面积的 59.38%。Xu et al.（2010）的调查结果为东北黑土区目前水土流失面积可达 27.58 万千米^2，而坡耕地所产生的水土流失面积则占该区水土流失面积的 80.3%，故我国东北黑土区的主要水土流失地区为坡耕地地区。由于在黑土区每年的降雨均集中在 7 月到 9 月，而黑土的耕层表层土质疏松、底土黏重、透水性差、抗蚀能力较弱，且长期以来受到过度的垦殖、超载放牧和乱砍滥伐等不合理的开发利用，严重破坏了土壤的结构，加速了有机质分解矿化，导致水土流失面积不断扩大，加剧了农业非点源污染的负荷，最终造成目前黑土区坡耕地水土流失日趋严重的问题（沈昌蒲等，2005）。

常见的对黑土区坡耕地土壤侵蚀的研究方法分为室外和室内两大类（张光辉，2000）。在室外的研究方法通常是在研究区域内建立径流小区，通过在径流小区进行实地观测来分析并评估研究区域内的土壤流失状况及土壤侵蚀过程。径流小区的规模可根据不同研究目的进行设计，宽度和长度分别为 1～5 米和 3～5 米是我国目前常见的径流小区规模（傅涛等，2001）。在进行试验时多采取模拟降雨与放水冲刷相结合的方式（李洪丽等，2013），或者直接在自然降雨条件下进行观测（焉莉等，2014；张少良等，2010）。在实验过程中测定小区的径流量和泥沙量，并按照试验目的采集相应径流和泥沙样品。但由于野外观测试验受气象条件影响十分显著，主要取决于天然降雨的情况，若有的区域年降雨量很少，则会对径流小区的观测和实验工作形成极大限制，导致数据积累较慢，且不能满足需要。因此，在室内进行模拟降雨成为最为广泛的研究方法。室内模拟降雨作为一种非常有用的研究工具，可以对土壤颗粒进行分离、搬运以及沉积整个过程的系统研究，而这些方面正是了解土壤侵蚀过程和水文过程的关键因素（Rodrigo et al.，2016）。很多研究者已经通过在室内进行模拟降雨试验揭示出降雨对径流过程、土壤侵蚀过程、土壤入渗和养分流失等方面影响的机理（Lassu et al.，2015；Montenegro et al.，2013；Jin et al.，2009；Leonard et al.，1998）。通过研究在试验过程中所有因子之间的内在机理，利用土壤物理、水文和电化学等方面的知识可对存在于自然现象中的各种变化过程进行定量化的观测和预报（傅涛等，2001）。目前无论是对室内还是室外试验，随着科技的不断发展以及计算机的普及，土壤侵蚀的研究工作朝着大尺度、高精度的方向逐渐发展。在国内外对土壤侵蚀使用的研究方法一般有：测量学方法（高程实测法、航空摄影法和直接丈量法等），即通过研究单位平方公里内土壤侵蚀总数，计算在整个流域的侵蚀模量（南秋菊、华珞，2003；张宗祜，1996）；地球化学方法（稀土元素示踪法、放射性核素法以及矿物分析法等），其中稀土元素示踪法是指通过选用 La、Ce、Nd 和 Sm 等土壤背景值含量低、施加量不用过多、易识别和探测且不容易被植物吸收的稀土元素作为示踪剂进行测量任何一个已经给定坡段的侵蚀量和土壤沉积量（肖海等，2014；马琨等，2002；周佩华等，1997），而放射性核素法则是将放射性核素做示踪剂来研究土壤侵蚀，如137Cs 核素是研究土壤侵蚀用得最多的放射性核素（张一澜等，2014；王琳贤等，

2011）；地貌研究法，即通过野外观测，并测量与土壤侵蚀相关的各种地貌现象来对土壤侵蚀进行研究（王欢等，2018；王莉娜等，2016）；水文学研究方法，这种方法的研究基础在于进行长期的水文观测，并通过测量断面的控制范围内侵蚀量来对土壤的侵蚀现状进行研究；土壤学方法，是一种定性方法，即通过对土壤剖面各层的厚度（当前厚度与原始厚度）进行分析，人为地对土壤侵蚀强弱进行分类；土壤侵蚀定量评估方法，采用 GIS 集成技术与物理模型相结合的方式，精确描述土壤侵蚀在流域中的空间变异、探索土壤的侵蚀规律和评价流域的治理效益（张骁等，2017），常用物理模型有 RUSLE 模型（关学彬等，2016；孙德亮等，2016）、AnnAGNPS 模型（Xu et al.，2013；夏昊、王云鹏，2009）、WEEP 模型（Yang et al.，2012；张光辉，2002）和 SWAT 模型（唐海峰等，2012；Li et al.，2011）。

（2）坡耕地土壤侵蚀机理研究现状。坡面作为侵蚀发生的基本单元，是研究侵蚀过程的重要平台。关于坡面土壤侵蚀的过程机理，目前比较公认的观点：Ellison 和 Ellison（1947）认为土壤侵蚀过程主要是将土壤表面物质进行分离、搬运和沉积的过程，且这三个过程相互影响和制约；而 Foster（1972）在之前的基础上进行研究，认为土壤侵蚀的过程可细分为两个部分（细沟侵蚀和细沟间侵蚀），其中主要用于反映土壤在细沟中的纯沉积和细沟纯侵蚀的过程称为细沟侵蚀，而主要反映由于雨滴引起的土壤颗粒分散和地表薄层水流引起的泥沙颗粒搬运的过程则称为细沟间侵蚀。因此，普遍被大家认同的观念是土壤侵蚀包括两部分，即雨滴溅蚀和径流侵蚀。关于雨滴溅蚀和径流搬运对土壤坡面的侵蚀，有不同的研究结果。Hudson（1963）认为雨滴击打土粒而导致颗粒分离的能力远超过地表薄层水流对土壤颗粒的分离能力，因为经过计算得出降雨所产生的动能是地表层水流所产生势能的 260 倍；Young 和 Wiersma（1973）的研究结果说明相较于雨滴溅蚀作用，地表径流对于被分离土粒的搬运作用更为重要；李占斌（1996）认为由于雨滴的击溅作用而产生的坡面土粒运移量约占整场降雨所产生的土壤坡面侵蚀量的 21.6%～67.2%，降雨强度的变化决定击溅作用产生侵蚀量所占比例；Guy（1987）通过进行分离地表径流和雨滴对于坡面土粒运输影响的试验，得出有 85% 的坡面土粒运移是由于雨滴的作用，而其余 15% 则是由于径流的原因被分离。因此，目前认为当雨滴接触到土壤表面时，首先雨滴动能可克服土壤表面对于土粒的束缚作用（Ma et al.，2014），之后在雨滴的作用下被分离出土壤表面形成泥沙颗粒，最后被慢慢形成的地表径流所搬运，逐渐形成土壤坡面侵蚀。在东北黑土区，由于乱砍滥伐导致很多土地没有植被的保护，因此雨滴打击所造成的溅蚀在黑土区比较常见（胡伟等，2015；范昊明等，2004）。

坡地产流的实质是土壤水分在不同的下垫面下受到各种因素的综合作用而引发的一个发展过程，同时相当于降雨受到下垫面作用的一个再分配过程。傅涛等（2001）认为由于降雨而在坡地产生的地表径流会随坡向运动，但由于降雨特性及坡面土壤的特征不同，地表径流在运动过程中会形成多种水流类型（坡面流、细沟、浅沟流以及沟道流等），进而形成不同的土壤侵蚀类型（片蚀、坡面细沟侵蚀以及沟道侵蚀等）。国内外研究者主要在水文学、水力学以及土壤侵蚀等方面对坡地产流过程进行分析，如坡地水文模型的提出（Freeze，1978）、坡面流的水力学特性的详细分析（Emmet，1970）以及 Yoon（1971）利用实验材料，对坡面流的阻力定律进行的分析等。

（3）影响土壤坡面侵蚀的因素。土壤坡面侵蚀的发生主要受到自然界和人为活动的影响，而自然因素主要包括气候因素、地貌因素、植被因素和土壤因素。其中气候因素中最为主要的因素是降雨，降雨对坡面侵蚀影响主要表现在降雨前期雨滴打击土壤表面，并剥离和分散土壤颗粒，导致土壤结构被破坏；当坡面产流后，雨滴又通过与径流之间的击溅作用，增加了径流的紊动作用以及水流流态的不稳定性，从而进一步加强了径流对土壤颗粒的搬运和剥蚀能力，最终表现为水土流失加剧。在降雨过程中雨量、雨强、雨型和这些因素随时间及空间的变化情况等，均对土壤坡面侵蚀有着重要的影响。多数研究结果显示雨强是影响研究区域内径流量和溅蚀量的主要因素（李明伟，2018；王万忠，1983），并且在我国有研究者利用统计方法对多地区的降雨单因子和土壤流失量之间的关系进行分析，结果显示降雨强度与研究区域内的土壤流失量之间的相关性最强，而降雨动能和降雨量则与土壤流失量之间的相互关系逐渐减弱（王万忠等，1996）。地貌因素对于土壤坡面侵蚀的影响十分复杂，但坡长、坡度和坡向对土壤坡面侵蚀的影响是最基础的，也是研究地貌因素对土壤坡面侵蚀影响的复杂规律性的基础，因此对于坡长和坡度因子的研究是当前研究地貌因素的主要方向。对黑土区坡面侵蚀的一些研究表明：在黑土区内坡面侵蚀会随着坡长的增加而加大，但坡面径流量与坡度之间的关系还未得到统一的结果（安娟，2012；李鹏等，2005）；王文娟等（2012）利用3S技术进行分析，得出不同坡度对坡面侵蚀量的影响，其中当坡度小于5°时，沟蚀发生的主要制约因子是坡度，但当坡度大于5°时，形成侵蚀沟的主要因素已不是坡度因子。目前坡长对于土壤坡面侵蚀的影响大致有3种观点：土壤侵蚀量与坡长的长度成正比例关系（付兴涛、姚璟，2015；钱婧等，2012）；土壤侵蚀量随坡长的增加而增大，但是当坡面径流的挟沙能力达到上限时，地表径流的侵蚀能力也会同时到达上限，当坡长大于这一临界值后，土壤侵蚀量与坡长的长度成反比例关系（Laws，1943）；还有学者的研究结果表明坡长越长，坡面的入渗量越大，导致径流量减小，且同样存在一个临界坡长，使径流量与入渗量相同，且此时养分流失总量最大，之后随着坡长的增加，产沙量逐渐增大，导致养分的富集率增大（赵光旭等，2016）。地表覆盖作为一项有效的水土保持措施，一方面可以保护地面不直接接触雨滴，免受打击；另一方面可以通过提高土壤表层的入渗能力，推延产生径流的时间，减轻径流的动能，最终减弱径流的搬运能力。多数研究表明合理植被覆盖可以达到较好的水土保持效益（唐涛等，2008；Pan et al.，2006）。土壤坡面被侵蚀的对象是土壤，因此土壤质地、土壤机械组成和团聚体稳定性等方面均可对土壤坡面侵蚀产生一定的作用。已有研究表明，土壤由于受到母质岩风化产物的影响，会使土壤侵蚀严重（黄丽等，1999；阮伏水，1995）；黏粒含量越高的土壤，越不容易发生土壤侵蚀，而土壤侵蚀主要发生在沙性或者粉粒含量较多的土壤上（Kirkby，2002；杨武德等，1999）。多数研究结果表明，当土壤中团粒增加时，土壤的渗水能力会随之增加，同时增强土壤的抗蚀性，进而减少水土流失的现象发生（高学田等，2001；Fox 等，1997）。

（4）坡耕地土壤侵蚀保护措施研究现状。黑土区坡耕地主要分布在漫川漫岗区，地势波状起伏且坡度较缓、坡长较长。但是由于黑土区的降雨相对集中、坡面汇流面积较大，导致径流较为集中，同时本区域耕垦指数高且多为顺坡垄耕，因此坡耕地的面蚀比较严重，且顺坡起垄成为水土流失的主要原因（水利部，2010）。所以可通过耕作措施对地表径流进行调控（孙莉英等，2012），而在黑土区坡耕地比较适合的耕作措施主要有横坡耕作（赵玉明等，2012）、等高植物篱技术（董萍、严力蛟，2011）、少耕免耕、秸秆还田和垄向区田等，其中横坡垄作和等高植物技术是防治黑土区坡耕地水土流失最常用的耕作方式。横坡垄作主要是通过改变农田中作物的耕作方向从而改变雨水对地面作物、土壤粗糙度和降雨入渗性能等方面的作用，进而减少坡面的水土流失。已有研究表明横坡垄作可以将地表径流层层拦截、增加土壤入渗、防止土壤侵蚀和保持土壤增加产量的功能（齐智娟等，2012；Steven et al.，2009；林超文等，2008）。陈光（2006）通过连续两年对横坡垄作和顺坡垄作的效益进行对比，结果发现横坡垄作的水土保持效果明显，且与顺坡垄作相比，这两年分别减少 67.1％和 62.0％的泥沙流失。其他研究发现将顺坡垄作改为横坡垄作的临界条件为坡度为 3°～5°且坡长在 100 米以内（刘绪军，2003）。孟令钦（2009）通过进行野外调查研究，提出两个可解释横坡垄作侵蚀机理的理论："沟渠效应"和"临界垄长"。说明横坡垄作这种水土保持措施能够显著降低土壤侵蚀。等高植物篱技术也对土壤侵蚀有明显的防止作用，通过采用多年生的草本、灌木或者乔木，按照一定的间距进行等高种植，并在其中间横坡种植农作物，即可实现保护坡耕地的土地资源、提高土地的生产力目的。其原理在于植物篱可以通过阻截土壤和地表径流来控制水土流失，以达到将土壤侵蚀减弱并实现坡地可持续利用的作用（尹迪信等，2001）。有实验结果表明对35°坡耕地进行植物篱的坡耕地水土流失治理试验，结果发现在种植植物篱 3 年后，该地区水土流失量降低了 45％（鲁成禹，2001）。等高植物篱的操作比较简单，造价相对低廉，且植物篱还具有工程措施无法相比的优势，即提供具有一定经济价值的产品，同时我国黑土区的坡耕地目前水土流失现象较为严重且相关投入资金相对短缺，因此等高植物篱这一水土保持措施可在我国黑土区坡耕地大力推广。综上所述，目前对于水土保持功效的研究主要集中于黑土区坡耕地的水土流失现状、土壤侵蚀机理以及部分水土保持功效措施的研究。上述研究的本质是研究量的变化而未考虑其变化机制，研究玉米秸秆还田或许有利于更加深刻认识这一变化机制。

1.3 研究内容、创新点以及技术路线

1.3.1 研究内容

利用田间小区试验和系统观测的方法，比较坡耕地秸秆覆盖还

田和深翻埋还田条件下，农田土壤物理性状、养分变化动态、水土保持功效，探讨秸秆还田对坡耕地土地质量的影响。

（1）秸秆还田对土壤物理结构的影响。在径流观测场内，对免耕地表覆盖和深翻埋秸秆还田方式下深翻埋的坡耕地土壤物理结构指标（容重、孔隙度、三相比和团聚体）进行测定，分析不同秸秆还田方式坡耕地土壤物理结构，确定秸秆还田方式对土壤质量的影响。

（2）秸秆还田对土壤化学性状的影响。在径流观测场内，对免耕地表覆盖和深翻埋秸秆还田方式下深翻埋的坡耕地土壤化学性状指标（有机质、全氮、全磷、全钾）进行测定，分析不同秸秆还田方式坡耕地土壤养分变化动态，确定秸秆还田方式对土壤质量的影响。

（3）秸秆还田的水土保持性能。在径流观测场内，对免耕地表覆盖和深翻埋秸秆还田方式下对坡耕地水土保持功效指标（储水量、渗透速率、径流量、侵蚀量）进行测定，结合秸秆还田对土壤理化性状的影响，确定秸秆还田对坡耕地土地质量的影响。

（4）秸秆还田对黑土区坡耕地水力侵蚀的影响。在径流观测场内，分别对坡度为5°和7°的传统耕作处理和免耕地表覆盖处理下的坡耕地进行水力侵蚀指标（地表径流量、土壤流失量）的测定，结合研究区域的降雨特征以及不同耕作处理下的作物冠层，确定秸秆还田对于坡耕地水力侵蚀的影响。

（5）秸秆还田对黑土区田间风力侵蚀的影响。在研究区域内，分别对传统耕作处理和免耕地表覆盖处理下的农田风蚀传输方式（蠕移、跃移和悬移）、传输特点（不同垂直高度风蚀收集量）以及传输结果（风蚀量）进行识别和测定，结合研究区域的降雨特征、土壤含水量等特点，确定秸秆还田对田间风力侵蚀的影响。

1.3.2　研究创新点

第一,利用中国科学院海伦水土保持监测研究站的长期定位观测试验,比较秸秆覆盖和深翻埋还田方式下的耕层土壤理化性状,阐明黑土区坡耕地两种秸秆还田方式对土壤结构的改善作用及其对土壤养分的提升作用,评价两种秸秆还田方式对于土地质量的影响。

第二,通过对秸秆覆盖和深翻埋还田方式下的坡耕地小区径流产沙次数、径流和输沙量的监测,揭示秸秆覆盖和深翻埋还田方式下的水土保持作用,分析秸秆还田在东北黑土区坡耕地的推广性及适用性。

1.3.3　研究技术路线

本研究技术路线如图1-1所示。

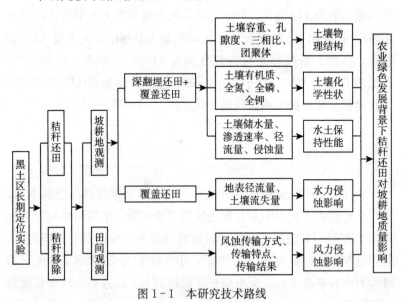

图1-1　本研究技术路线

第 2 章　试验材料与方法

2.1　试验区概况

本研究在中国科学院海伦水土保持监测研究站进行，该研究站位于黑龙江省海伦市前进乡光荣村，地理坐标为：47°23′N，126°51′E。研究区域地形为黑土区的典型漫川漫岗，属温带大陆性季风气候区，冬季寒冷干燥，夏季炎热多雨。年均降雨量 530 毫米，主要分布在 7～8 月，且占全年降雨量一半以上。该区域年均日照时数 2 600～2 800 小时，年均有效积温（≥10℃）为 2 450℃，年均总辐射为 113 兆焦/厘米^2。试验地土壤类型为典型黑土，黑土层厚度（A 层）约为 30 厘米，土壤质地为黏壤土，其表层（0～20 厘米）沙粒、粉粒和黏粒含量分别为 31.6%，30.8% 和 37.6%，有机质含量为 42.1 克/千克。本试验进行时间为 2015—2018 年，试验地部分年份的降雨及气温变化如图 2-1 所示。

2.2　试验设计

本研究采取径流小区观测试验与农田观测试验相结合的方式，研究秸秆还田方式对于东北黑土区的质量影响。中国科学院黑土水土流失监测研究站径流场内设置坡耕地径流小区以及农田观测区，其中坡耕地小区的坡度为 5°和 7°，小区面积为 20 米×4.5 米。小区设置多种耕作方式，采取随机区组排列方式，进行三次重复试验（2007 年）。

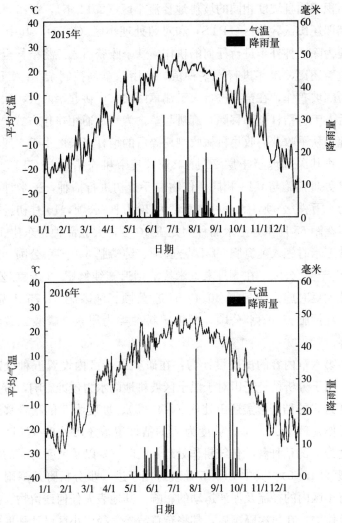

图 2-1　2015—2016 年降雨量及气温分布

第三章至第五章内容的试验设计为：选取秸秆还田小区（免耕）作为免耕秸秆覆盖还田处理（NTS），秸秆未还田小区（传统耕作）作为对照处理（CT1）。在径流场外临近地块建立与径流场内面积相同且坡度相同的坡耕地径流小区（2014 年），并布置秸秆深翻埋还田试验小区（PTS）和对照处理小区（CT2）。其中 NTS 处理为除播种外不进行任何的耕作，秋季收获后人工将秸秆全部直接覆盖还田，次年进行原垄种植，利用除草剂控制杂草；CT1 处理为顺坡垄作，在苗期进行人工锄草两次，中耕起垄两次，秋季收获后人工将秸秆全部移除，旋耕起垄，为当地通用耕作方式；PTS 处理为秋季收获后收集机械收割粉碎后的秸秆（长度小于 5 厘米），人工将其深翻埋至土层 20 厘米处，其余耕作措施与 CT1 相同；CT2 处理措施与 CT1 相同。作物在 5 月初进行播种，玉米种植密度为 6 万株/公顷，大豆种植密度为 26 万株/公顷，10 月初进行收获。垄距 65 厘米，玉米品种为龙玉 10 号，大豆品种为东生 1 号。播种玉米时施入纯氮肥 69 千克/公顷、纯磷肥 69 千克/公顷、纯钾肥 15 千克/公顷，在 6 月末玉米拔节期追施纯氮肥 69 千克/公顷；播种大豆时施入纯氮肥 40.45 千克/公顷、纯磷肥 51.75 千克/公顷、纯钾肥 15 千克/公顷。所施肥料种类为尿素、磷酸二铵和硫酸钾。

第六章内容的试验设计为：在研究站小区内设置五种处理方式，用于分析秸秆还田对于黑土区坡耕地的水力侵蚀影响，分别为坡度为 5°的秸秆覆盖还田处理（NT-5）、坡度为 5°的秸秆移除传统耕作处理（CT-5）、坡度为 7°的秸秆覆盖还田处理（NT-7）、坡度为 7°的秸秆移除传统耕作处理（CT-7）以及坡度为 5°的裸地处理（BL-5）。其中 BL-5 处理可用于进一步分析野外降雨对于径流小区内的径流及泥沙运动的影响，其地表无任何残留物、杂草以及作物，在每次降雨后，都将杂草清除。径流小区设计采取完全随机设计，每种处理方式重复三次，共设计 15 个地块，且每个地块为面积为 90 米²（长 20 米，宽 4.5 米）的坡耕地，作物种植采取大豆和玉米轮作方式。对于各处理方式的田间管理，除了耕作作业外其余田间管理措施均相同。CT 处理中在秋季对所有地上生物量进行人工去除，次年春季使用常规播种机进行播种；NT 处理中在秋季除了收获种子外，其余生物量均在刈割后均匀分布于整块田地，在次年春季使用免耕播种机进行播种。

第七章内容的试验设计为：本研究地点位于中国科学院东北地理与农业生态研究所黑龙江省海伦市水土保持监测研究站，由于农田风力侵蚀主要发生在风速较高时期，为确定本研究的观测期，依据研究地点所提供的气象数据，将 2007—2018 年内 1—3 月、4—6 月、7—9 月、10—12 月的最大风速进行统计。研究发现风速高于 14 米/秒的大风事件主要分布于 4—6 月，且结合前期研究发现这一时期东北黑土区的降雨量及农田覆盖度均处于较低水平，极易发生风力侵蚀事件，因此将本试验观测期定为 4—6 月。本试验于 2016—2018 年进行，试验田的选取标准为研究区域内两种耕作处理方式（免秸秆覆盖还田和传统耕作）下的农田主要农作物为玉米、大豆，均是一年一熟农作物。农田植被的季节性变化较明显，冬季积雪覆盖，春季地表裸露、植被稀疏，同期大风、干旱，为土壤风蚀提供了基础和动力。每块试验田面积为 3.2 公顷，NT 耕作处理模式下，农作物的所有生物量（除了收获的种子外）均在秋季收获期被切割，并均匀地覆盖于整块试验田表面，除此之外全年不实施其他的土壤耕作措施；CT 耕作处理模式下，在秋季收获期将所有地上的生物量均人工去除，同时通过旋耕技术对农田采取垄作处理，并于次年春季播种后，在第 15 天和第 30 天对试验田开沟起垄。

第 3 章 不同秸秆还田方式对
土壤养分的影响

3.1 材料与方法

3.1.1 试验设计

同 2.2。

3.1.2 研究方法

本试验的土壤养分采集日期分别为 2015—2016 年的 6 月、8 月和 10 月，NTS、CT1、PTS 和 CT2 四种处理方式土壤样品采集深度分别为 0~10 厘米、10~20 厘米和 20~30 厘米，每个处理重复 3 次。采集土样经过移除草根、石块后，自然风干 48 小时、磨细后过 1 毫米和 0.25 毫米筛备用。

土壤有机碳含量和氮含量的测定：VarioEL Ⅲ 元素分析仪（Germany，Elementar）（因黑土坡耕地不含碳酸盐，土壤总碳即为有机碳）。

土壤磷含量测定：氢氧化钠熔融—钼锑抗比色法。

土壤钾含量测定：氢氧化钠浸提—火焰光度法。

$$土壤有机质含量＝土壤有机碳含量×1.724$$

3.1.3 数据分析

试验数据采用 Microsoft Excel 2013 和 SPSS2 1.0 分析软件进行土壤养分的数据统计分析，土壤养分间的方差分析用 SPSS 中的成组 T 检验、单因素方差分析和一般线性模型中的单变量分析进行，多重比较用 LSD 和 Tukey 方法，显著水平 $P \leqslant 0.05$，利用 Origin 9.0 完成绘图。

3.2　结果与分析

从表 3-1 可以看出，在 2015 年和 2016 年免耕秸秆覆盖还田处理（NTS）、月份和土层深度对土壤有机质、全氮、全磷、全钾含量均有显著影响。2015 年，月份和 NTS 处理的二因素交互作用对土壤有机质、全氮含量和全磷含量均有显著影响，而对土壤全钾含量则无显著影响；月份和土层深度的二因素交互作用对土壤有机质、全氮含量、全磷含量和全钾含量的影响均达到显著水平；NTS 处理和土层深度的二因素交互作用对土壤各养分的影响与月份和 NTS 处理的二因素交互作用相同；月份、NTS 处理和土层深度的三因素交互作用对土壤有机质和全磷含量呈显著性影响，而对土壤全氮含量和全钾含量的影响未达到显著水平。2016 年，月份和 NTS 处理的二因素交互作用以及月份和土层深度的二因素交互作用对于土壤各养分的影响与 2015 年的结果相同；NTS 处理和土层深度的二因素交互作用对于土壤全部养分均有显著性影响作用；月份、NTS 处理和土层深度的三因素交互作用仅对土壤全磷含量的影响达到显著水平，而对于其他土壤养分均为不显著作用。

**表 3-1　NTS 及 CT1 处理下各因素及其交互作用对土壤养分
含量影响的方差分析**

年份	变异来源	土壤有机质 SOM	全氮 TN	全磷 TP	全钾 TK
2015	月份（M）	*	*	*	*
	NTS 处理（T）		*		*

（续）

年份	变异来源	土壤有机质 SOM	全氮 TN	全磷 TP	全钾 TK
2015	土层深度（D）	*	*	*	*
	M×T	*	*	*	NS
	M×D	*	*	*	*
	T×D	*	*	*	NS
	M×T×D	*	NS	*	NS
2016	月份（M）	*	*	*	*
	NTS 处理（T）	*	*	*	*
	土层深度（D）	*	*	*	*
	M×T	*	*	*	NS
	M×D	*	*	*	*
	T×D	*	*	*	*
	M×T×D	NS	NS	*	NS

注：表中 * 代表显著性在 $P \leqslant 0.05$ 水平；NS 代表无显著性。

从表 3-2 可知，在 2015 年和 2016 年秸秆深翻埋还田处理（PTS）、月份和土层深度对土壤有机质、全氮、全磷、全钾均有显著影响。2015 年，月份和 PTS 处理的二因素交互作用对土壤全氮含量和全磷含量的影响达到显著水平，而对土壤有机质和土壤全钾含量的影响未达到显著水平；月份和土层深度的二因素交互作用以及 PTS 处理和土层深度的相互作用均对土壤有机质、全氮含量、全磷含量和全钾含量呈显著性影响；月份、PTS 处理和土层深度的三因素交互作用对于土壤养分的影响与月份和 PTS 处理的二因素交互影响的结果相同。2016 年，月份和 PTS 处理的二因素相互作用对于土壤有机质的影响达到显著水平，但对其他土壤养分无显著性影响；月份和土层深度的二因素交互作用以及 PTS 处理和土层深度的交互作用则对所有的土壤养分含量均有显著性影响；月份、PTS 处理和土层深度的三因素交互作用对所有的土壤养分含量的影响均未达到显著水平。

表 3-2　**PTS 和 CT2 处理下各因素及其交互作用对土壤养分含量影响的方差分析**

年份	变异来源	土壤有机质 SOM	全氮 TN	全磷 TP	全钾 TK
2015	月份（M）	*	*	*	*
	PTS 处理（T）	*	*	*	*
	土层深度（D）	*	*	*	*
	M×T	NS	*	*	NS
	M×D	*	*	*	*
	T×D	*	*	*	*
	M×T×D	NS	*	*	NS
2016	月份（M）	*	*	*	*
	PTS 处理（T）	*	*	*	*
	土层深度（D）	*	*	*	*
	M×T	*	NS	NS	*
	M×D	*	*	*	*
	T×D	*	*	*	*
	M×T×D	NS	NS	NS	NS

3.2.1　不同秸秆还田方式对土壤有机质含量的影响

图 3-1 为观测期内（2015—2016 年）试验区不同秸秆还田方式下的土壤有机质含量。从图 3-1（a）可以看出，NTS 处理与传统耕作处理（CT1）相比可显著增加小区 0～20 厘米土层的土壤有机质含量，但对 20～30 厘米土层的土壤有机质含量无显著的影响，且两种处理下的土壤均表现出土壤有机质的含量随土层深度增加而

逐渐减小的结果。在 2015 年，NTS 处理小区的土壤有机质含量在 0～10 厘米和 10～20 厘米土层较 CT1 处理平均增加了 16.39％和 10.45％，而 2016 年则在 0～10 厘米和 10～20 厘米土层平均增加了 16.20％和 12.86％，说明相较于 2015 年，2016 年 NTS 处理和 CT1 处理的 0～20 厘米土壤有机质含量差异有略微的增大。同时还可以看出 8 月 NTS 处理和 CT1 处理在 0～10 厘米和 10～20 厘米土层的土壤有机质含量的差异最大。图 3-1（b）显示，相较于 CT2 处理，在 2015 年和 2016 年 PTS 处理下 0～10 厘米土层的土壤有机质含量无明显差异性，但对于 10～20 厘米和 20～30 厘米土层，PTS 处理下的土壤有机质含量却显著高于 CT2 处理，同时在图中整体呈现出在 PTS 处理下的小区土壤 0～10 厘米土层的土壤有机质含量最低。2015 年 PTS 处理在 10～20 厘米和 20～30 厘米土层的土壤有机质含量比相同土层的 CT2 处理平均增加 44.43％和 50.23％，2016 年相较 CT2 处理，PTS 处理在 10～20 厘米和 20～30 厘米土层平均增加了 55.99％和 59.56％的土壤有机质含量，说明 PTS 处理在 2016 年增加 10～30 厘米土层的土壤有机碳含量高于 2015 年。

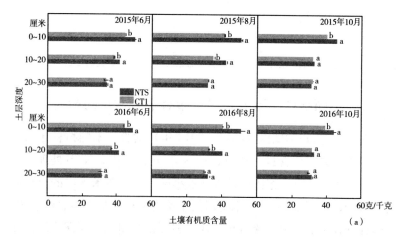

（a）

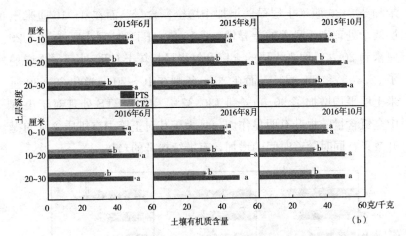

图 3-1　不同秸秆还田方式对土壤有机质含量的影响

注：（a）为免耕秸秆覆盖还田和传统耕作，（b）为秸秆深翻埋还田和传统耕作；NTS 为免耕秸秆覆盖还田；PTS 为秸秆翻压深翻埋还田；CT1 和 CT2 为传统耕作。图中不同字母表示不同处理方式差异显著（$P<0.05$）。图 3-2～图 3-4 字母含义与此图相同。

3.2.2　不同秸秆还田方式对土壤全氮含量的影响

图 3-2 为试验区不同秸秆还田方式处理下所测得土壤全氮含量的结果。图 3-2（a）表明，土壤中全氮含量随着小区土壤深度的增加而逐渐下降；相较于 CT1 处理，NTS 处理可显著提高 0～20 厘米土层的土壤全氮含量，而 NTS 处理与 CT1 处理对于小区 20～30 厘米土层的土壤全氮含量无明显差异性。2015 年，NTS 处理小区的土壤全氮含量在 0～10 厘米和 10～20 厘米土层较 CT1 处理平均增加了 19.50% 和 12.60%，而 2016 年则平均在小区 0～10 厘米和 10～20 厘米土层分别增加土壤全氮量 17.42% 和 20.53%，说明相较于 2015 年，2016 年 NTS 处理和 CT1 处理的 0～20 厘米土壤全氮含量差异有所增加。同时也可看出 8 月 NTS 处理和 CT1 处理在 0～10 厘米和 10～20 厘米土层的土壤有机质含量的差异最大。图 3-2（b）显示相较于 CT2 处理，PTS 处理可在 10～20 厘

米和 20～30 厘米土层显著增加土壤全氮含量，而在 0～10 厘米土层两个处理则无显著的差异性。2015 年，PTS 处理小区在 10～20 厘米和 20～30 厘米土层的土壤全氮含量相较于 CT2 处理平均增加了 78.40％和 99.07％，而在 2016 年则在 10～20 厘米和 20～30 厘米土层平均增加了 90.00％和 130.32％。说明 PTS 处理对于土壤中全氮含量的提升有明显作用，且大于其对土壤中有机质含量的提升效果，同时随着时间的增加，有继续提升的趋势。

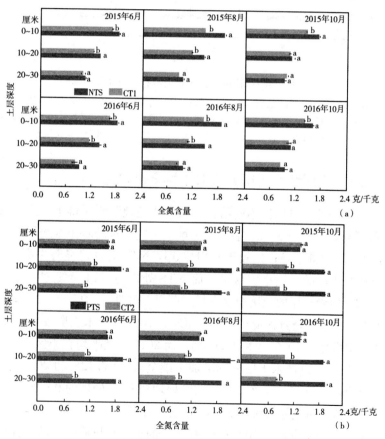

图 3-2　不同秸秆还田方式对土壤全氮含量的影响

3.2.3　不同秸秆还田方式对土壤全磷含量的影响

图3-3为试验区2015—2016年不同处理下小区土壤在不同土层中全磷的含量变化。从图3-3（a）中可以看出，与CT1处理相比，NTS处理小区在0～10厘米土层的土壤全磷含量明显上升，而在10～20厘米和20～30厘米土层的两个处理的土壤全磷含量结果则无明显差异性；与其他营养元素相似，各处理的土壤全磷含量随着土壤深度增加而降低。2015年和2016年，NTS处理小区的土壤全磷含量在0～10厘米土层较CT1处理分别平均增加了22.68%和29.71%，说明2016年NTS处理与CT1处理在0～10厘米土壤全磷含量的差异比2015年增加，且在8月，两个处理的差异最大。图3-3（b）显示PTS处理小区在10～20厘米和20～30厘米土层的土壤全磷含量相较于CT2处理有显著的提升，而在0～10厘米土层PTS和CT2处理无显著的差异性。2015年，PTS处理小区在10～20厘米和20～30厘米土层的土壤全磷含量相较于CT2处理平均增加了45.57%和63.03%，而在2016年则在10～20厘米和20～30厘米土层平均增加了65.98%和76.22%。同样说明PTS处理对土壤全磷含量的提升明显，大于其对土壤有机质含量的提升

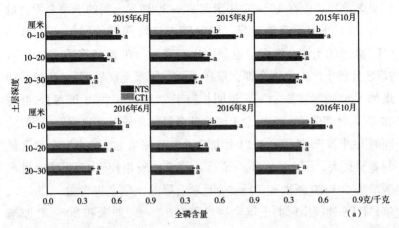

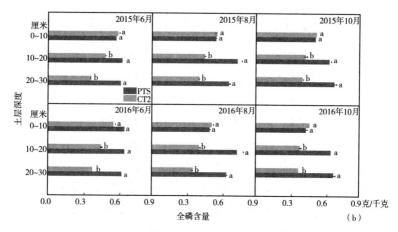

图 3-3　不同秸秆还田方式对土壤全磷含量的影响

效果，但小于其对土壤全氮含量的提升效果。

3.2.4　不同秸秆还田方式对土壤全钾含量的影响

图 3-4 为不同秸秆还田方式处理下试验区土壤全钾含量的结果。从图 3-4（a）可以看出，NTS 处理小区在 0～10 厘米土层的土壤全钾含量高于 CT1 处理，并在 6 月和 8 月两个处理的结果达到显著差异，而在 10～20 厘米和 20～30 厘米土层的土壤全钾含量则与 CT1 处理无明显差异；同时随着土壤深度的增加，NTS 和 CT1 处理的土壤全钾含量也呈现逐渐降低。在 2015 年和 2016 年，NTS 处理小区的土壤全钾含量在 0～10 厘米土层较 CT1 处理平均增加了 6.93% 和 8.44%，说明相较于 2015 年，2016 年 NTS 处理和 CT1 处理的 0～20 厘米土壤全钾含量的差异有一定程度的增加。同时 8 月 NTS 处理和 CT1 处理在 0～10 厘米土层的土壤全钾含量的差异最大。图 3-4（b）显示，PTS 处理相较于 CT2 处理可显著增加 10～20 厘米和 20～30 厘米土层的土壤全钾含量。在 2015年，PTS 处理小区的土壤全钾含量在 10～20 厘米和 20～30 厘米

土层相较于 CT2 处理平均增加了 27.67% 和 27.14%，而在 2016 年则在 10～20 厘米和 20～30 厘米土层平均增加了 24.59% 和 24.29%。这一结果说明 PTS 处理对土壤全钾含量相较于土壤有机质、全钾、全磷含量的提升效果最小，且随着时间的增加，无继续提升的趋势。

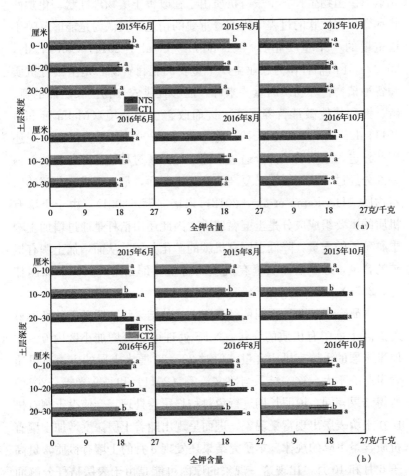

图 3-4 不同秸秆还田方式对土壤全钾含量的影响

3.3 讨论

3.3.1 不同秸秆还田方式的土壤有机质变化

土壤有机质是主要成分为碳和氮的有机化合物，含有各种营养元素以供植物生长。土壤有机质由于在改善土壤物理性状、化学性状和微生物性状的过程中扮演着重要的角色，被认为是能够反映土壤重量的一个重要指标（Choudhury et al.，2014；Sun et al.，2013）。还田秸秆作为农业生产中重要的肥料资源，是土壤有机质和各种植物营养物质的重要来源，能够提供农作物生长所需的氮、磷、钾和其他微量营养元素，进而改善土壤环境（Malhi et al.，2011；Hansen et al.，2010；陈中玉等，2007）。有关研究发现还田秸秆进入土壤后一部分通过快速矿化分解过程使得养分释放，另一部分经过一系列缓慢又复杂的变化过程后，最终形成难分解的腐殖物质（Heitkamp et al.，2012；朱培立等，2001）。由于土壤有机质的重要组成成分是土壤腐殖质，因此还田秸秆是通过增加土壤中腐殖质的含量，降低土壤有机碳的矿化分解，从而增加土壤有机碳的含量，最终增加土壤有机质的含量（邵云等，2014；徐国伟等，2005）。

本研究中的两种不同秸秆还田方式的结果均表明还田秸秆可显著提高土壤中有机质的含量。NTS 处理可显著增加小区内 0～20 厘米土层的土壤有机质含量，但对 20～30 厘米土层的土壤有机质含量影响不大，这一结果与路文涛等（2011）和汤文光等（2014）所得结果相同，说明长期进行免耕秸秆覆盖处理，会使得土壤有机质在土壤表层出现富集现象，进而呈现出随着土层深度增加土壤有机质含量下降的规律。本研究结果还发现 8 月的土壤有机质含量高于 6 月和 10 月，出现这一现象的原因可能是由于表层秸秆分解而使土壤中增加的碳素在 8 月积累到最大值（Nyamadzawo et al.，

2012)。本研究中的 PTS 处理可显著增加土壤 10～30 厘米土层的土壤有机质含量，但可能由于进行试验周期的时间较短，对土壤表层的有机质含量则无明显影响。Liu et al.（2015）的研究表明，秸秆混入土层后可与土壤颗粒充分接触，使秸秆更易腐解，进而转化为土壤有机碳组分，从而有利于土壤有机质含量的积累。

3.3.2　不同秸秆还田方式的土壤氮含量变化

土壤中的氮素是农作物生长所不可缺少的重要营养元素，其含量可作为影响农作物产量增加的一项重要指标（徐国伟等，2007）。土壤中的氮元素可为作物生长提供所需营养，同时可维持土壤的良好物理结构。因此，氮肥的施用成为农业生产者获得高产的重要途径（强学彩，2003），但过多施用氮肥所产生的问题也很多，如土壤退化、地下水污染、农民投入成本增加等（黄丽华等，2008；Zou et al.，2006）。研究表明在农田中进行连续的秸秆还田，可提高土壤中氮素的矿化作用和氮素的利用效率，但是氮肥也会引发污染问题（Li et al.，2018；Watanabe et al.，2009）。还田秸秆主要通过腐解作用释放大量氮素，从而提高土壤微生物氮和有机质的含量，进而使得土壤吸附和固持更多的 NH_4^+，使农田氮损失量减少，从而提高土壤氮的矿化以及供氮能力（薛斌等，2017；Akkal-Corfini et al.，2010）。

小区试验结果显示 NTS 和 PTS 处理均可显著增加土壤中的全氮含量，这一结果与 Cui 等（2017）的结果相似。同时发现 NTS 和 CT 处理下的土壤全氮含量随土壤深度的不断增加而减小，且 NTS 处理小区土壤中的全氮含量呈现土壤表层富集的现象，即 0～10 厘米土层的土壤全氮含量明显高于 10～20 厘米和 20～30 厘米土层，这一结果与党亚爱等（2007）的研究结果类似。这是由于长期以来，还田秸秆被放置在土壤表面，一方面增加了土壤生物有效性碳的数量，进而激发异养微生物对秸秆的分解，通过矿化作用形成可以被作物直接利用的矿质氮；另一方面有研究表明秸秆覆盖可以促进固氮微生物的固氮作用并且能够促进与豆科作物的共生固氮，最终促进土壤养分的循环，提高了土壤氮素的有效性（Tosti et al.，2012）。PTS 处理可显著增加 10～30 厘米土层的土壤含氮量，但对土壤表层的全氮含量无明显影响。这是由于作物秸秆本身所含有的营养元素会在土壤—作物—土壤的循环利用转化中不断释放一些可以分解土壤中矿物质的小分子有机酸，从而增加土壤中养分有效性，并参与到土壤生态系统的物质循环过程中，可以补充土壤中损失的养分，最终使得土壤养分显著增加（谭德水等，2008）。

3.3.3 不同秸秆还田方式的土壤磷含量变化

土壤全磷含量是指土壤中各种形态磷素的综合，是生物活动中不可缺少的必要元素之一。农作物主要吸收土壤中的无机磷，同时水溶性无机磷是生物可利用磷素中的较大部分（Lan et al.，2012；McDowell et al.，2006）。本研究发现 NTS 和 PTS 两种还田处理方式可不同程度地增加土壤中的全磷含量，这一结果与其他专家（刘文国等，2018；Gupta et al.，2007；Phiri et al.，2001）所得结果相同。本试验结果显示 NTS 处理对土壤中全磷的含量在 0～10 厘米土层中有显著的增加效果，但 10～30 厘米土层的全磷含量则与 CT1 处理小区的结果无差异性，这是由于 NTS 处理对土壤无大的扰动，可明显降低土壤中养分的矿化作用，因此便于土壤中磷素的表层富集，说明 NTS 对于深层土壤的磷素改良效果有限。而 PTS 通过对土壤的扰动，加速了土壤矿化作用，同时由于秸秆腐解作用会为土壤微生物的活动和繁殖提供充足的能源以及碳源，导致微生物的发育量增加，最终提高土壤对磷素的有效利用。针对秸秆还田对土壤中磷素的影响，有学者的研究结果说明秸秆还田能够显著提高土壤中的全磷含量，但同时土壤速效磷含量会降低，这一结果说明从还田秸秆向土壤中所释放的磷素多被土壤微生物固定后转化成不易被作物吸收的形态（Bhandari et al.，2002；Beri et al.，1995）。但也有学者的研究表明还田秸秆通过增强微生物活性和代谢强度后，对土壤中所固定的磷素利用能力增大，从而有利于土壤有效磷的释放（Gijsman et al.，1997）。因此，还田秸秆会激活微生物群落，对于维持并稳定土壤中磷素的循环和土壤肥力有着重要的作用。

3.3.4 不同秸秆还田方式的土壤钾含量变化

农田土壤中所含钾元素的形态及生物有效性可直接影响作物的生长发育和最终农产品的品质（李秀双等，2016），而目前我国土壤仍存在钾元素资源贫乏以及钾肥投入不足的现象（李宗泰等，2012）。已有研究表明，还田秸秆可释放多种被作物吸收利用的养分，其中还田秸秆的腐解作用贡献了作物重新吸收的钾元素总量的 80%（Yu et al.，2010）。Saha et al.（2009）通过秸秆还田试验，发现经过两天土壤微生物和酶的作用，秸秆中的钾离子有 90%以上被释放至土壤中，并可供作物再次吸收利用。因此，秸秆还田可缓解土壤中钾元素不断耗竭的状况（Tan et al.，2008）。本研究结果表明，两种秸秆还田方式均可显著提高土壤全钾的含量，与土壤全磷含量变化相同，免耕秸秆覆盖还田仅仅提升了土壤表层 0～10 厘米深度的全钾含量，对 10～30 厘米处的全钾含量无显著影响，这一结果与其他专家（殷志遥等，2017；邢素丽等，2007）的研究结果基本一致。这是因为在土壤表层，还田秸秆所释放的钾元素能够很快被植物吸收或者被土壤固定，因此很少能对表层以下土层进行钾元素的补充。本研究还发现免耕秸秆覆盖还田与传统耕作处理，均会呈现出随着土层加深，土壤全钾含量逐渐降低这一现象，即钾元素在表层的富集作用，长期下去会导致土壤养分逐渐出现明显的层化现象，进而对作物根系吸收利用钾元素产生不利影响（Franzluebbers et al.，2007；谭德水等，2007）。本研究中秸秆深翻还田的措施则通过将秸秆深翻至土壤犁底层处，有效地缓解了这一现象，通过对土壤的扰动，加速了土壤矿化作用，同时提供还田秸秆，可有效补给农田系统中钾的输入量。但也有学者的研究表明，长期采取秸秆深翻埋还田处理，还田秸秆腐解后形成的有机物质会出现随水淋失的现象，进而影响区域环境的质量（张先凤等，2015；李树山等，2013）。本研究的秸秆深翻还田只进行了两年的试验，其对区域环境的影响还未表现出来，因此还需长期的观测以进一步研究。

3.4 小结

综上研究结果表明，经过 2015 年和 2016 年两年的连续观察，免耕秸秆覆盖还田和秸秆深翻还田处理均可显著提高土壤中有机质、全氮、全磷和全钾含量；免耕秸秆覆盖还田处理和秸秆深翻还田处理分别主要影响小区土壤 0～10 厘米和 10～30 厘米土层的养分含量；两种秸秆还田方式对土壤中养分含量增加的影响效果由大到小依次为土壤中的全氮含量、有机质含量、全磷含量和全钾含量；免耕秸秆覆盖还田处理与传统耕作处理下的小区土壤表层养分含量均大于土壤深层，且有逐渐减小的趋势。

第4章 不同秸秆还田方式对土壤物理性状的影响

4.1 材料与方法

4.1.1 试验设计

同 2.2。

4.1.2 研究方法

本试验的土壤物理指标测定取样时间为 2015—2016 年的 6 月、8 月和 10 月份，取样小区为 NTS、CT1、PTS 和 CT2 四种处理方式相对应小区，对土壤容重、孔隙度及三相比等指标的测定深度为土层 0～10 厘米，对土壤团聚体指标的测定深度为 0～10 厘米、10～20 厘米和 20～30 厘米，以上指标的测定每个处理均重复 3 次。

土壤容重：环刀法。

土壤总孔隙度＝100×(1－土壤容重/土壤比重)

土壤毛管孔隙度：环刀浸泡法（中国科学院南京土壤研究所，1978）。

土壤非毛管孔隙度＝毛管总孔隙度－土壤毛管孔隙度

土壤固相＝100×(1－土壤孔隙度)

土壤液相＝100×土壤含水量

土壤含水量＝烘干称重法

土壤气相＝100×(土壤孔隙度－土壤含水量)

土壤三相比分析指标：R 值（测定土壤样品三相比与适宜状态

下土壤三相比在空间距离上的差值）（郭海斌等，2014）。

$$R = \left| \sqrt[2]{0.4 \times (X-50)^2 + (Y-25)^2 + 0.6 \times (Z-25)^2} \right|$$

$$(4-1)$$

式中 X 为所测土壤样品固相的数值，Y 为所测土壤样品液相的数值，Z 为所测土壤样品气相的数值。R 越小，土壤三相比越好。

土壤团聚体：湿筛法（Sun 等，2014）。

土壤团聚体稳定性分析指标：大于 0.25 毫米团聚体（$R_{0.25}$）、团粒平均重量直径（MWD）和团粒几何平均直径（GWD）。

$$R_{0.25} = \frac{M_{r>0.25}}{M_T} \qquad (4-2)$$

式中 M_T 为团聚体总重量，$M_{r>0.25}$ 表示粒径大于 0.25 毫米的团聚体的重量。

$$MWD = \sum_{i=1}^{n} W_i X_i \qquad (4-3)$$

式中 X_i 是筛分出来的任一粒径范围团聚体的平均直径，W_i 是任一粒径范围团聚体的总量占土壤样品干重的分数。

$$GWD = \exp \left[\frac{\sum_{i=1}^{n} W_i \lg X_i}{\sum_{i=1}^{n} W_i} \right] \qquad (4-4)$$

式中 W_i 代表是平均直径为 X_i 的团聚体重量，$\sum_{i=1}^{n} W_i$ 是土壤样品的总重。

4.1.3 数据分析

试验数据采用 Microsoft Excel 2013 和 SPSS 21.0 分析软件进行土壤物理性状指标的数据统计分析，土壤物理性状指标间的方差分析用 SPSS 中的成组 T 检验和单因素方差分析进行，多重比较用

LSD 和 Tukey 方法，显著水平 $P \leqslant 0.05$，利用 Origin 9.0 完成绘图。

4.2　结果与分析

由表 4-1 可知，2015 年免耕秸秆覆盖还田处理（NTS）和月份两个因素中，除了月份对土壤毛管孔隙度无显著影响外，NTS 处理和月份对于其他土壤物理性状指标均有显著的影响。在月份和 NTS 处理的交互作用中，对土壤毛管孔隙度和非毛管孔隙度的影响未达到显著水平，但对土壤容重、总孔隙度和土壤 R 值有显著的影响。2016 年除了月份对土壤非毛管孔隙度和 R 值有显著影响、NTS 处理对土壤毛管孔隙度和 R 值有显著影响外，这两个因素对其他物理结构指标的影响均未达到显著性，且月份和 NTS 处理的交互作用对所有物理结构指标均无显著影响。

表 4-1　NTS 及 CT1 处理下各因素及其交互作用对
土壤物理指标影响的方差分析

年份	变异来源	土壤容重	土壤总孔隙度	土壤毛管孔隙度	土壤非毛管孔隙度	R 值
	月份（M）	*	*	NS	*	*
2015	处理（T）	*	*	*	*	*
	M×T	*	*	NS	NS	*
	月份（M）	NS	NS	NS	*	*
2016	处理（T）	NS	NS	*	NS	*
	M×T	NS	NS	NS	NS	NS

注：表中 * 代表显著性在 $P \leqslant 0.05$ 水平；NS 代表无显著性。

由表 4-2 可知，在 2015 年秸秆深翻埋还田处理（PTS）和月份两个因素中，月份对除土壤毛管孔隙度以外的所有土壤物理性状指标均有显著影响，PTS 处理则只对土壤毛管孔隙度和非毛管孔隙度的影响呈显著性，对其他物理结构指标并未显著影响。月份和 PTS 处理的交互作用对所有物理结构指标均无显著影响。2016 年除了处理对土壤毛管孔隙度无显著影响外，处理、月份以及两者的交互作用对土壤物质指标的影响结果均与 2015 年相同。

表 4 - 2　PTS 及 CT2 处理下各因素及其交互作用对

土壤物理指标影响的方差分析

年份	变异来源	土壤容重	土壤总孔隙度	土壤毛管孔隙度	土壤非毛管孔隙度	R 值
	月份（M）	*	*	NS	*	*
2015	处理（T）	NS	NS	*	*	NS
	M×T	NS	NS	NS	NS	NS
	月份（M）	*	*	NS	*	*
2016	处理（T）	NS	NS	NS	*	NS
	M×T	NS	NS	NS	NS	NS

注：表中 * 代表显著性在 $P \leqslant 0.05$ 水平；NS 代表无显著性。

4.2.1　不同秸秆还田方式对土壤容重的影响

图 4 - 1 为试验区不同秸秆还田方式处理下所测得土壤容重的结果。从图 4 - 1（a）可以看出，NTS 处理小区在 6 月 0～10 厘米土层的土壤容重显著高于 CT1 处理，2015 年和 2016 年 NTS 处理相较 CT1 处理土壤容重分别高 0.23 克/厘米^3 和 0.19 克/厘米^3。但在 8 月和 10 月份所测结果显示 NTS 和 CT1 处理下的土壤容重并无显著差异性。在 2015 年和 2016 年，NTS 处理下土壤 0～10 厘米深度的土壤容重的变化幅度为 0.13 克/厘米^3，而 CT1 处理下的变化幅度为 0.29 克/厘米^3，说明 NTS 处理小区土壤的扰动状况要小于 CT1 处理。图 4 - 1（b）显示，PTS 处理小区在 6 月 0～10

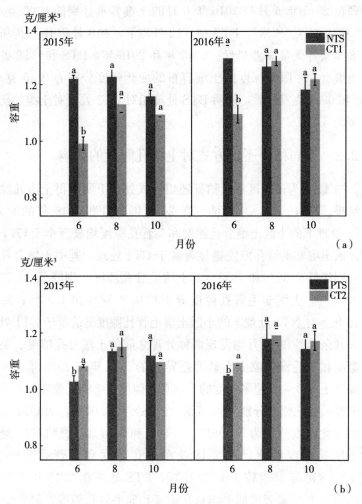

图 4-1　不同秸秆还田方式对土壤容重的影响

注：(a) 表示免耕秸秆覆盖还田和传统耕作，(b) 表示秸秆深翻埋还田和传统耕作；NTS 表示免耕秸秆覆盖还田；PTS 表示秸秆翻压深翻埋还田；CT1 和 CT2 表示传统耕作；图中不同字母表示不同处理方式差异显著（$P < 0.05$）。

厘米土层的土壤容重显著低于 CT2 处理，且相较 CT2 处理，PTS 处理在 2015 年 6 月和 2016 年 6 月的土壤容重分别低 0.05 克/厘米^3 和 0.04 克/厘米^3。PTS 和 CT2 处理下，在 8 月和 10 月份所测土壤容重并无显著差异性。2015 年和 2016 年，PTS 和 CT2 处理下土壤 0～10 厘米深度的土壤容重的变化幅度分别为 0.15 克/厘米^3 和 0.11 克/厘米^3，说明 PTS 处理相对 CT2 处理对土壤的扰动较多。

4.2.2 不同秸秆还田方式对土壤孔隙度的影响

图 4-2 为试验区不同秸秆还田方式处理下所测得土壤孔隙度的结果。图 4-2（a）表明，在 2015 年 6 月和 2016 年的 6 月，NTS 处理下的小区土壤总孔隙度和毛管孔隙度均显著小于 CT1 处理，而土壤非毛管孔隙度则显著高于 CT1 处理，其中土壤总孔隙度分别降低 8.59% 和 7.33%，土壤毛管孔隙度分别降低 10.77% 和 8.87%，土壤非毛管孔隙度分别增加 2.18% 和 1.53%；除了 2015 年 8 月 NTS 处理下的小区土壤毛管孔隙度显著低于 CT1 处理外，其余 8 月和 10 月均发现两种处理之间的土壤总孔隙度、毛管孔隙度和非毛管孔隙度无显著差异。在 2015 年和 2016 年，NTS 处理下土壤 0～10 厘米深度的土壤总孔隙度、毛管孔隙度和非毛管孔隙度的变化幅度分别为 4.97%、6.88% 和 5.02%，而 CT1 处理下的变化幅度分别为 10.99%、7.12% 和 3.87%，说明 CT1 处理对土壤孔隙度的扰动主要体现在总孔隙度和毛管孔隙度上。图 4-2（b）显示相较于 CT2 处理，PTS 处理在 2015 年 6 月和 2016 年 6 月可显著增加土壤总孔隙度和非毛管孔隙度，但在 2015 年 6 月 PTS 处理下的土壤毛管孔隙度比 CT2 处理显著降低，其中土壤总孔隙度增加 2.03% 和 1.70%，土壤非毛管孔隙度分别增加 4.29% 和 1.70%，土壤毛管孔隙度降低 2.27%；除此之外，其他月份均未发现两种处理下的土壤总孔隙度、毛管孔隙度和非毛

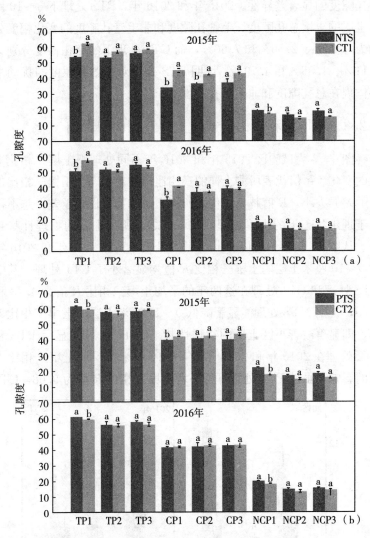

图 4-2　不同秸秆还田方式对土壤孔隙度的影响

注：TP 表示土壤总孔隙度；CP 表示土壤毛管孔隙度；NCP 表示土壤非毛管孔隙度；1、2 和 3 分别代表 6 月、8 月和 10 月。

管孔隙度的显著差异性。2015 年和 2016 年，PTS 处理下 0～10 厘米土层的土壤总孔隙度、毛管孔隙度和非毛管孔隙度的变化幅度分别为 5.68%、2.50% 和 7.60%，而 CT2 处理下的变化幅度分别为 4.11%、1.86% 和 4.70%，说明 PTS 处理对土壤孔隙度的扰动主要体现在总孔隙度和非毛管孔隙度上。

4.2.3 不同秸秆还田方式对土壤三相比的影响

图 4-3 为试验区 2015 年和 2016 年不同处理下土壤三相比 R 值的变化。R 值代表所测土样的三相比与理想状态下土壤三相比之间的差异大小，R 值越大，代表所测土壤的物理性状越差，越不接近于理想状态下的土壤物理性状，反之，所测土壤的物理性状越好。从图 4-3（a）可以看出，NTS 处理小区在 2015 年和 2016 年对 0～10 厘米土层的土壤三相比 R 值均显著小于 CT1 处理，其中 NTS 处理和 CT1 处理在这两年的平均土壤三相比 R 值为 4.73 和 9.29，说明 NTS 处理能显著降低 0～10 厘米土层的土壤三相比 R 值，即显著改善小区土壤的物理性状。图 4-3（b）显示 PTS 和 CT2 处理在 2015 年和 2016 年对 0～10 厘米土层的土壤三相比 R 值的影响，虽然 PTS 处理下的平均土壤三相比 R 值为 9.68，CT2

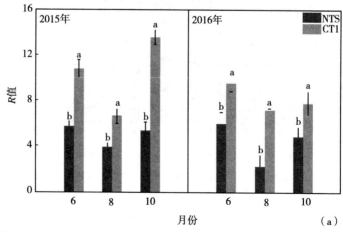

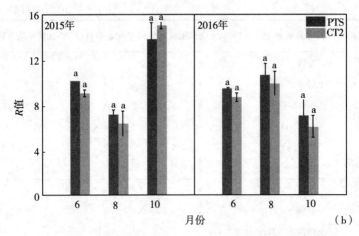

图 4 - 3 不同秸秆还田方式对土壤三相比（R 值）的影响

处理下的平均土壤三相比 R 值为 9.17，但是两个处理对于 0～10 厘米土层的土壤三相比 R 值的影响并无差异性，即相较于 CT2 处理，PTS 处理并未改变 0～10 厘米土层的土壤物理性状。

4.2.4 不同秸秆还田方式对土壤水稳性团聚体的影响

由表 4 - 3 可以看出，NTS 处理、月份和土层深度这三个因素对土壤水稳性团聚体稳定性指标，即大于 0.25 毫米团聚体（$R_{0.25}$）含量、土壤团聚体的平均重量直径（MWD）和土壤团聚体的几何平均直径（GWD）均有显著影响，且 NTS 处理、月份和土层深度相互之间的二因素三因素交互作用也对土壤团聚体稳定性的影响达到显著水平。

表 4 - 3 NTS 及 CT1 处理下各因素及其交互作用对土壤水稳性团聚体稳定性影响的方差分析

年份	变异来源	＞0.25 毫米团聚体	平均重量直径	几何平均直径
2015	月份（M）	*	*	*

（续）

年份	变异来源	＞0.25 毫米团聚体	平均重量直径	几何平均直径
2015	处理（T）	＊	＊	＊
	土层深度（D）	＊	＊	＊
	M×T	＊	＊	＊
	M×D	＊	＊	＊
	T×D	＊	＊	＊
	M×T×D	＊	＊	＊
2016	月份（M）	＊	＊	＊
	处理（T）	＊	＊	＊
	土层深度（D）	＊	＊	＊
	M×T	＊	＊	＊
	M×D	＊	＊	＊
	T×D	＊	＊	＊
	M×T×D	＊	＊	＊

注：表中＊代表显著性在 $P \leqslant 0.05$ 水平；NS 代表无显著性。

由表 4-4 可知，PTS 处理、月份和土层深度这三个因素对土壤团聚体稳定性的三个指标 $R_{0.25}$、MWD 和 GWD 均有显著影响，同时 PTS 处理、月份和土层深度的二因素交互作用也对土壤团聚体稳定性的三个指标呈显著性影响，而 PTS 处理、月份和土层深度的三因素交互作用则对指标 $R_{0.25}$ 无显著影响，但对另外两个指标 MWD 和 GWD 有显著性影响。

表 4-4　PTS 及 CT2 处理下各因素及其交互作用对土壤水稳性团聚体稳定性影响的方差分析

年份	变异来源	＞0.25 毫米团聚体 $R_{0.25}$	平均重量直径 MWD	几何平均直径 GWD
2015	月份（M）	＊	＊	＊

（续）

年份	变异来源	>0.25毫米团聚体 $R_{0.25}$	平均重量直径 MWD	几何平均直径 GWD
	处理（T）	*	*	*
	土层深度（D）	*	*	*
2015	M×T	*	*	*
	M×D	*	*	*
	T×D	*	*	*
	M×T×D	NS	*	*
	月份（M）	*	*	*
	处理（T）	*	*	*
	土层深度（D）	*	*	*
2016	M×T	*	*	*
	M×D	*	*	*
	T×D	*	*	*
	M×T×D	NS	*	*

注：表中 * 代表显著性在 $P \leqslant 0.05$ 水平；NS 代表无显著性。

图 4-4 为不同秸秆还田方式处理下试验区土壤水稳性团聚体粒径分布的结果。从图 4-4（a）～（f）可以看出，2015 年和 2016 年在研究区域 0～10 厘米土层中，NTS 处理的土壤水稳性团聚体主要组成粒径为 0.5～10 毫米，其含量占 71.56%，除了 2015 年 6 月和 2016 年 8 月分别以 1～2 毫米和 2～10 毫米粒径的水稳性土壤团聚体含量最高外，其余时间均以 0.5～1 毫米粒径的水稳性土壤团聚体含量最高，且其含量均值达到 24.84%，而 0.25～0.5 毫米和<0.25 毫米粒径的水稳性土壤团聚体颗粒是所有观测时间段内含量最少的两个水稳性团聚体粒径；CT1 处理下的土壤水稳性团聚体中除了 2015 年 10 月<0.25 毫米成为含量最大的水稳性团聚体粒径外，其余观测期含量最大的水稳性团聚体粒径为 0.5～

1毫米，同时由于2～10毫米粒径的土壤水稳性团聚体的平均含量占15.28%，为所有粒径中的最低值，说明在观测时期内2～10毫米粒径水稳性团聚体为CT1处理下土壤水稳性团聚体含量最小的粒径；相较于CT1处理，NTS处理能够显著增加小区土壤中1～10毫米粒径的水稳性团聚体含量，并降低土壤中<0.5毫米的水稳性团聚体含量，说明在0～10厘米土层，NTS处理能够显著增加大粒径的水稳性团聚体含量，减少小粒径水稳性团聚体含量。在10～20厘米土层中，0.5～1毫米水稳性团聚体为NTS处理下土壤水稳性团聚体中含量最多的粒径，平均含量约占水稳性团聚体总量的26.42%，而在观测期内含量最少的水稳性团聚体粒径为0.25～0.5毫米，占水稳性团聚体总量的15.36%；CT1小区与NTS小区土壤中含量最多的团聚体粒径相同，但CT1小区含量最少的水稳性团聚体粒径为2～10毫米；与0～10厘米土层相似，相较于CT1处理，NTS处理能够显著增加10～20厘米土层中2～10毫米和1～2毫米粒径的土壤水稳性团聚体含量，显著降低<0.25毫米的土壤水稳性团聚体含量，这一结果说明NTS处理同样能够增加10～20厘米土层的大粒径水稳性团聚体含量和降低小粒径水稳性团聚体含量。在20～30厘米土层中，<0.25毫米和0.5～1毫米的水稳性团聚体分别为2015年和2016年NTS处理下土壤水稳性团聚体中含量最多的粒径，分别占水稳性团聚体总量的26.62%和30.56%，而观测期内土壤水稳性团聚体中含量最低的粒径是2～10毫米，仅占水稳性团聚体总量的11.40%；CT1处理下水稳性团聚体中所占比例最大和最小的粒径与NTS处理完全相同；相较于CT1处理，NTS处理在2015年显著减少了20～30厘米土层中0.5～1毫米粒径的水稳性团聚体含量，但对其他粒径的水稳性团聚体含量并无明显影响，2016年显著增加了20～30厘米土层中1～2毫米和0.5～1毫米粒径的水稳性团聚体含量，并同时对0.25～0.5毫米粒径的水稳性团聚体含量有显著的降低作用，说明在20～

30 厘米土层 NTS 处理与 CT1 处理的水稳性团聚体粒径分布相同，且其增加土壤大粒径水稳性团聚体和减少小粒径水稳性团聚体的作用有所减弱。

图 4 - 4 （g）～（l）显示 2015 年和 2016 年 PTS 和 CT2 处理在研究区域内对 0～10 厘米、10～20 厘米和 20～30 厘米土层的影响。其中在 0～10 厘米土层，PTS 与 CT2 处理的土壤水稳性团聚体粒径分布相同，即除了在 2015 年和 2016 年的 6 月，两个处理下的土壤水稳性团聚体内的主要组成粒径为 0.5～1 毫米外，其余观测期内含量最多的土壤水稳性团聚体粒径为 0.5～1 毫米和＜0.25 毫米，同时 2～10 毫米为两个处理下土壤水稳性团聚体含量最少的粒径，分别占水稳性团聚体总量的 13.59％和 12.61％；相较于 CT2 处理，PTS 处理在 2016 年 8 月显著增加了 0～10 厘米土层内 1～2 毫米粒径的水稳性团聚体含量，显著降低了 0.5～1 毫米和 0.25～0.5 毫米粒径的水稳性团聚体含量，而在 2016 年 10 月则显著增加了 2～10 毫米和 0.5～1 毫米粒径的水稳性团聚体含量，并显著降低了 1～2 毫米和＜0.25 毫米粒径的水稳性团聚体含量，以上结果说明在 0～10 厘米土层，PTS 和 CT2 处理的水稳性团聚体粒径分布无明显差异。10～20 厘米土层内，PTS 处理在 2015 年和 2016 年的水稳性团聚体中含量最高的粒径分别是 0.5～1 毫米和 2～10 毫米，约占水稳性团聚体总量的 26.52％和 26.86％，而＜0.25 毫米为所有观测期内水稳性团聚体含量最少的粒径，约占总量的 13.33％；CT2 处理在 2015 年和 2016 年的观测期内，水稳性团聚体中含量最高和最低的粒径分别为 0.5～1 毫米和 2～10 毫米，分别占水稳性团聚体总量的 28.78％和 12.39％；相较于 CT2 处理，PTS 处理可显著增加 2～10 毫米粒径的水稳性团聚体含量，同时降低＜0.25 毫米粒径的水稳性团聚体含量，这一结果说明 PTS 处理在 10～20 厘米土层可显著增加大粒径水稳性团聚体含量并同时减少小粒径水稳性团聚体含量。在 20～30 厘米土层，PTS 处理下

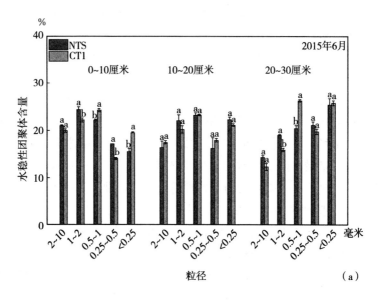

（a）

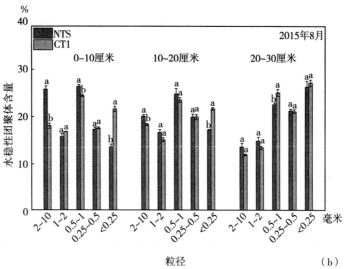

（b）

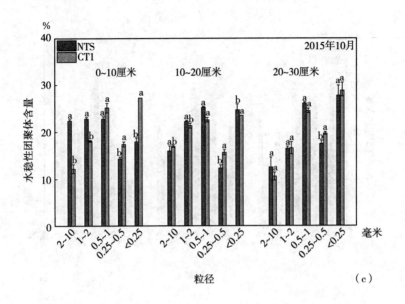

（c）

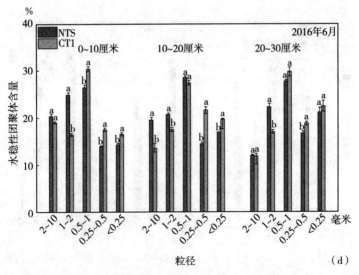

（d）

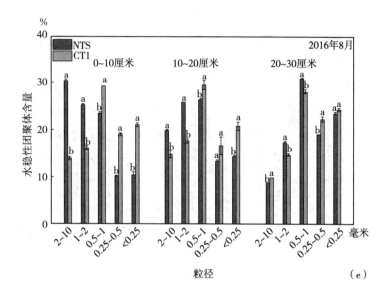

（e）

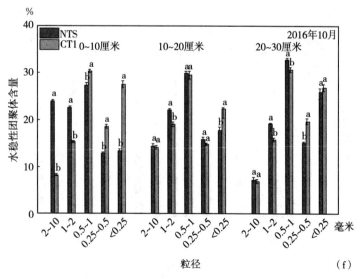

（f）

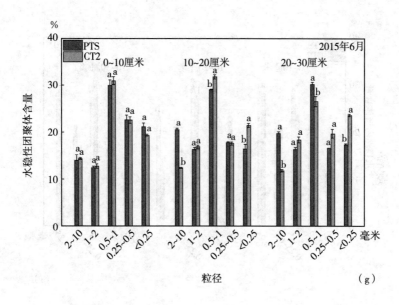

（g）

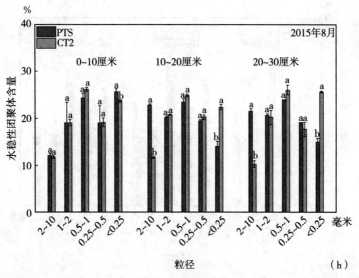

（h）

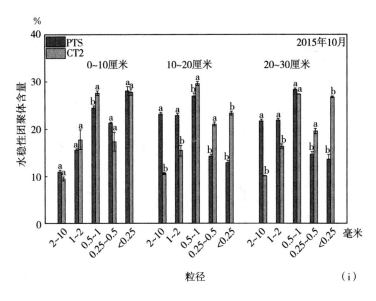

（i）

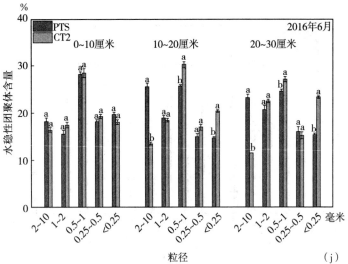

（j）

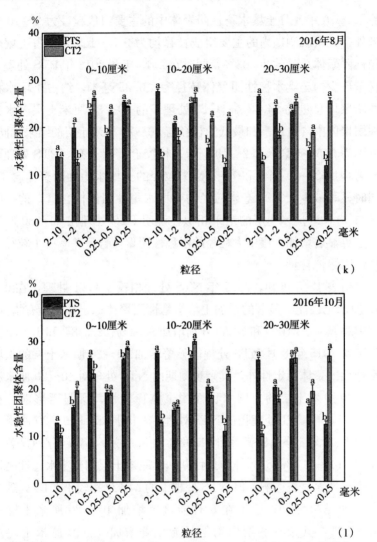

图 4-4　不同秸秆还田方式对土壤水稳性团聚体粒径分布的影响

注：（a）~（f）为免耕秸秆覆盖还田和传统耕作，分别在 2015 年 6 月、2015 年 8 月、2015 年 10 月、2016 年 6 月、2016 年 8 月和 2016 年 10 月，（g）~（l）为秸秆深翻埋还田和传统耕作，分别在 2015 年 6 月、2015 年 8 月、2015 年 10 月、2016 年 6 月、2016 年 8 月和 2016 年 10 月。

除了 2016 年 8 月土壤水稳性团聚体中的主要组成粒径为 2～10 毫米外，其余观测期内的主要组成粒径均为 0.5～1 毫米，占土壤水稳性团聚体总量的 26.03％，同时在 2015 年和 2016 年 PTS 处理下含量最少的土壤水稳性团聚体粒径为＜0.25 毫米，约占土壤水稳性团聚体总量的 14.17％；CT2 处理下的 20～30 厘米土层内水稳性团聚体中含量最高和最低的粒径与 10～20 厘米土层的结果相同，分别为 0.5～1 毫米和 2～10 毫米；相较于 CT2 处理，PTS 处理可显著增加 2～10 毫米和 1～2 毫米粒径的土壤水稳性团聚体含量，同时显著减少＜0.25 毫米粒径的土壤水稳性团聚体含量，这一结果与 10～20 厘米土层的结果相似，说明 PTS 处理在 10～30 厘米土层可显著增加土壤中大粒径的水稳性团聚体含量并减少小粒径水稳性团聚体含量。

由表 4-5 可知，2015 年 NTS 处理相较于 CT1 处理，在 0～10 厘米土层能够显著的增加土壤水稳性团聚体稳定性的所有指标，其中对 $R_{0.25}$、MWD 和 GWD 分别增加 9.54％、27.58％和 13.02％，除了在 2015 年 8 月 NTS 处理能显著增加 10～20 厘米土层的土壤水稳性团聚体稳定性外，其余观测期内 NTS 处理对 10～20 厘米和 20～30 厘米土层的土壤水稳性团聚体稳定性均无显著影响。在 2016 年，与 CT1 处理相比 NTS 处理 0～10 厘米和 10～20 厘米土层的 $R_{0.25}$ 含量分别显著增加 11.92％和 5.95％，GWD 分别显著增加 59.14％和 18.85％，同时对 20～30 厘米土层的土壤水稳性团聚体稳定性无显著影响，但 NTS 处理下的 MWD 相较于 CT1 处理与 2015 年结果相同，除了在 6 月能显著增加 10～20 厘米土层的 MWD 外，其余观测期内均是只能显著增加 0～10 厘米土层的 MWD，而对 10～20 厘米和 20～30 厘米土层的 MWD 无显著影响。以上结果说明相较于 CT1 处理，NTS 处理在 2015 年主要增加了研究区内 0～10 厘米土层的水稳性团聚体稳定性，而 2016 年则增加了 0～10 厘米和 10～20 厘米土层的水稳性团聚体稳定性。

表 4 - 5　NTS 及 CT1 处理对土壤水稳性团聚体稳定性的影响

日期	土层深度（厘米）	$R_{0.25}$		MWD		GWD	
		NTS	CT1	NTS	CT1	NTS	CT1
2015 年6 月	0～10	84.57a	80.42b	1.87a	1.79b	0.97a	0.93b
	10～20	77.76a	78.87a	1.57a	1.62a	0.88a	0.88a
	20～30	74.61a	74.19a	1.40a	1.28a	0.82a	0.80a
2015 年8 月	0～10	86.34a	78.05b	2.10a	1.64b	1.00a	0.88b
	10～20	82.60a	77.99b	1.76a	1.63a	0.92a	0.87a
	20～30	73.23a	72.38a	1.33a	1.23a	0.80a	0.77a
2015 年10 月	0～10	82.10a	72.77b	1.93a	1.29b	0.96a	0.80b
	10～20	75.36a	76.47a	1.55a	1.59a	0.87a	0.87a
	20～30	72.30a	71.22a	1.29a	1.17a	0.79a	0.77a
2016 年6 月	0～10	85.69a	83.48b	1.87a	1.71b	0.98a	0.92b
	10～20	83.14a	80.30b	1.77a	1.39b	0.94a	0.85b
	20～30	78.86a	77.49a	1.35a	1.29a	0.85a	0.82a
2016 年8 月	0～10	89.53a	78.81b	2.44a	1.40b	1.12a	0.84b
	10～20	85.60a	79.08b	1.84a	1.47b	0.98a	0.86b
	20～30	76.41a	75.51a	1.13a	1.15a	0.79a	0.78a
2016 年10 月	0～10	86.63a	72.47b	2.04a	1.05b	1.02a	0.76b
	10～20	82.24a	77.54b	1.50a	1.44a	0.89a	0.85b
	20～30	74.03a	73.08a	1.05a	0.99a	0.78a	0.75a

注：表中同行不同字母表示处理之间差异显著（$P<0.05$）。

表 4 - 6 显示相较于 CT1 处理，PTS 处理在 2015 年可以显著增加 10～20 厘米土层的水稳性团聚体稳定性所有指标，其中对 $R_{0.25}$、MWD 和 GWD 分别增加 10.31%、50.24% 和 18.94%，同时 PTS 处理也可显著增加 20～30 厘米土层的水稳性团聚体稳定性所有指标，对 $R_{0.25}$、MWD 和 GWD 分别增加 13.61%、51.45% 和 20.11%，但对 0～10 厘米土层的水稳性团聚体稳定性指标无显著影响。在 2016 年，PTS 处理下 10～20 厘米和 20～30 厘米土层

的水稳性团聚体稳定性所有指标均比 CT2 处理有显著增加，且在 2016 年 10 月相较于 CT2 处理，PTS 处理能够显著的增加 0～10 厘米土层水稳性团聚体稳定性的所有指标，即 $R_{0.25}$、MWD 和 GWD 分别增加 3.32%、10.92% 和 3.20%，除此之外在 2016 年 6 月和 8 月，PTS 处理和 CT2 处理在 0～10 厘米土层的水稳性团聚体稳定性无显著差异。

表 4-6　PTS 及 CT2 处理对土壤水稳性团聚体稳定性的影响

日期	土层深度（厘米）	$R_{0.25}$		MWD		GWD	
		PTS	CT2	PTS	CT2	PTS	CT2
2015 年 6 月	0～10	78.89a	80.64a	1.36a	1.39a	0.82a	0.84a
	10～20	83.65a	78.57b	1.78a	1.32b	0.93a	0.83b
	20～30	82.68a	76.40b	1.74a	1.28b	0.92a	0.81b
2015 年 8 月	0～10	74.34a	76.27a	1.30a	1.29a	0.81a	0.82a
	10～20	86.01a	77.60b	1.94a	1.30b	0.98a	0.82b
	20～30	85.11a	74.32b	1.87a	1.22b	0.96a	0.80b
2015 年 10 月	0～10	71.96a	72.22a	1.18a	1.14a	0.77a	0.78a
	10～20	87.19a	76.73b	2.00a	1.20b	1.01a	0.80b
	20～30	86.44a	73.21b	1.91a	1.16b	0.99a	0.78b
2016 年 6 月	0～10	80.28a	81.86a	1.63a	1.56a	0.89a	0.88a
	10～20	85.26a	79.46b	2.09a	1.41b	1.00a	0.85b
	20～30	84.61a	76.58b	1.97a	1.32b	0.98a	0.83b
2016 年 8 月	0～10	74.74a	75.61a	1.40a	1.32a	0.83a	0.80b
	10～20	88.71a	78.43b	2.22a	1.37b	1.05a	0.83b
	20～30	88.31a	74.51b	2.19a	1.31b	1.05a	0.81b
2016 年 10 月	0～10	73.88a	71.51b	1.30a	1.17b	0.80a	0.77b
	10～20	89.19a	77.06b	2.16a	1.33b	1.02a	0.82b
	20～30	87.82a	73.25b	2.12a	1.18b	1.03a	0.78b

注：表中同行不同字母表示处理之间差异显著（$P<0.05$）。

4.3　讨论

4.3.1　不同秸秆还田方式的土壤容重变化

土壤容重作为能够反映土壤紧实度和孔隙状况的重要物理指标，可以用于评价不同处理下的土壤结构（Hou et al.，2012）。本研究中免耕秸秆覆盖还田处理小区内 0～10 厘米土层的土壤容重在 6 月所测结果显著大于传统耕作处理小区，而在 8 月和 10 月则无显著差异，这是因为传统耕作相较于免耕秸秆覆盖还田处理对小区的干扰较大，即传统耕作处理在前一年秋收后会对土壤进行旋松作业，导致土壤比较松散，而免耕秸秆覆盖还田处理下的小区仅受到冬季和春季产生的冻融和干湿交替的影响。有研究表明，长期进行免耕秸秆覆盖还田处理会降低土壤表面容重（宫亮等，2008），与本研究的结果不同，这是由于本研究区域为黑土区坡耕地小区，会产生水土流失现象，导致黑土层变薄，从而使土壤有机质含量降低，土壤退化现象较为严重（张兴义等，2013），因此实施免耕秸秆覆盖还田处理恢复土壤质量所需时间比其他区域更长。与本试验区前人研究结果相同，在作物整个生育期内免耕秸秆覆盖还田处理小区的土壤容重变化范围小于传统耕作处理，由于传统耕作处理小区表面无秸秆覆盖，故在进入夏季受到雨水的冲击后，土壤紧实度增加，最终导致土壤容重增加，总孔隙度降低（陈强等，2014）。

同时在本研究中针对小区内 0～10 厘米土层容重，秸秆深翻埋还田处理相较于传统耕作处理小区在 6 月有显著的差异，而在 8 月和 10 月则无显著差异。这是由于在前一年的作物秋收后对小区进行深翻埋处理，目的是缓解犁底层对土壤水分有效性的限制，以增加土壤水分的入渗量（Motavalli et al.，2003），但这种方式与传统耕作处理相比对小区的干扰更大，因此经过冬季和春季的冻融作用和干湿交替作用后，秸秆深翻埋还田处理下的小区土壤容重显著降低。同样在进入夏季后，小区内土壤会受到雨滴的直接击拍，导致土壤容重增加。因此，秸秆深翻埋还田处理小区 0～10 厘米土层土壤容重与传统耕作小区相比在作物生长季内变化范围大。

4.3.2 不同秸秆还田方式的土壤孔隙度变化

土壤孔隙是反映土壤疏松程度以及水分和空气容量大小的重要因素，影响土壤中水、气和热量的流通和贮存，影响作物的根系生长并体现土壤对植物营养供应的充分性和协调性（林成谷，1992）。土壤总孔隙主要由毛管孔隙和非毛管孔隙构成，两者的大小及比值可以反映土壤的结构，进而决定土壤的持水和导水性能。从本研究的结果可以看出研究区域土壤中，毛管孔隙度明显大于非毛管孔隙度，说明毛管孔隙度在黑土农田的土壤孔隙度中占主要地位，即黑土农田的涵水、蓄水能力较强，但其通气和渗水的能力较弱。由于土壤总孔隙度与容重成负相关，故其变化情况与容重正好相反，即本研究发现免耕秸秆还田处理小区的总孔隙度小于传统耕作处理小区，秸秆深翻埋还田处理小区的总孔隙度大于传统耕作处理小区。同时，本研究的结果表明，相对于免耕秸秆直接还田处理小区，传统耕作处理小区的毛管孔隙度显著增加，说明传统耕作主要增加了土壤毛管孔隙度，即加强了土壤的蓄水能力，但由于相对应的土壤非毛管孔隙减少，相当于减弱了土壤的渗水能力，增加了水土流失的潜在威胁，而免耕秸秆覆盖还田处理由于表面有秸秆覆盖，会减弱雨滴对土壤的击拍作用，同时有阻碍地表径流形成的作用。

本研究中的秸秆深翻埋还田处理相较于传统耕作处理，对小区土壤 0～10 厘米土层总孔隙度有显著的增加作用，同时在结果中可看出，秸秆深翻埋还田处理主要增加了土壤总孔隙度中的非毛管孔隙度。由于秸秆深翻埋处理将秸秆埋藏于土壤犁底层处，能够显著改善耕层下部的土壤物理状况，提高了土壤下层的蓄水能力（张国显等，1999）。说明秸秆深翻埋处理一方面能够通过增加 0～10 厘米土层土壤的非毛管孔隙度增加土壤中重力水的下渗速度，另一方面减少由于存在土壤毛管孔隙而引起的土壤深层水分蒸发现象，因此在改善土壤气体交换条件的同时又对土壤有蓄水保墒的效果，减少由于降雨而产生的地表径流对土壤表层的冲刷作用，最终减少水土流失。

4.3.3　不同秸秆还田方式的土壤三相比变化

研究表明在旱作农业中理想的土壤三相比（固相：液相：气相）为2：1：1（王恩姮，2011；Lal et al.，2004），这一比值能够为作物生长和发育提供较好的水、热、气、肥条件。由于土壤三相比这一数据不能直接用于统计分析，因此有学者利用公式建立了用于测定的土壤三相比与最适宜状态下的土壤三相比之间的空间距离差值（R值），用R值来代替土壤的三相比并进行数据的统计分析，R值越小说明土壤的三相比越好（郭海斌等，2014）。本书研究结果表明在观测期内，免耕秸秆覆盖还田处理小区0～10厘米土层的土壤三相比R值均小于传统耕作处理小区，说明在试验区虽然免耕秸秆覆盖还田处理对小区的土壤容重和总孔隙度指标无明显的改善，甚至还有所恶化，但是从土壤三相比指标可以看出，免耕秸秆覆盖还田处理相较于传统耕作处理对土壤有了显著的改善效果。而对秸秆深翻埋还田处理和传统耕作处理之间的土壤三相比R值分析后，发现两者并无显著差距，说明在进行秸秆深翻埋还田处理的第一年和第二年均未对0～10厘米土层的土壤三相比这一指标有显著的改善作用。

4.3.4　不同秸秆还田方式的土壤水稳性团聚体变化情况

土壤团聚体的稳定性可代表土壤结构的稳定性（Bronick et al.，2005；Six et al.，2000），同时由于土壤团聚体可减少土壤侵蚀、调节土壤的通气状况、影响土壤的保水渗水能力，因此良好的土壤团聚体稳定性可保持土壤肥力（Zhao 等，2017）。除此之外，土壤团聚体还从物理方面降低了土壤微生物、胞外酶和氧气与土壤中有机化合物的可接近性，可保护土壤有机质不受到矿化作用的影响而含量减少（Spohn et al.，2010；Lützow et al.，2006；Six et al.，2002；Oades，1984）。故土壤团聚体的粒级分布和稳定性可作为反映土壤结构和衡量土壤质量的重要指标（Dexter，1988）。水稳性土壤团聚体能够较好地反映土壤质量（李爱宗等，2008），因此本试验主要研究不同秸秆还田方式下土壤中的水稳性团聚体粒径分布和稳定性的变化。

本试验通过比较免耕秸秆覆盖还田和传统耕作两个小区的土壤水稳性团聚体粒径分布情况，发现免耕秸秆覆盖还田可显著增加小区 0～10 厘米土层的土壤大粒径（＞1 毫米）水稳性团聚体含量和土壤水稳性团聚体的稳定性，这一结果与多数研究结果相同（薛斌等，2018；Santi et al.，2016；袁俊吉等，2010）。出现这一结果的原因可能是：一方面免耕秸秆覆盖还田处理中秸秆的分解提高了 0～10 厘米土层的土壤有机质含量和微生物含量，而土壤中的微生物和有机质可以促进土壤大团聚体的形成（Du et al.，2013；卢金伟、李占斌，2002）；另一方面免耕秸秆覆盖还田处理对土壤的扰动较少，能够减少外力对于土壤结构的破坏，同时土壤表面覆盖的秸秆能够缓解雨滴对土壤的打击力，有效减少出现土壤"结皮"和"板结"现象（Abdullah，2014；Wright et al.，2000），最终提高土壤结构的稳定性。相反传统耕作处理由于对土壤的扰动较大且表面无秸秆覆盖，会加快土壤表层的有机物矿化过程，导致土壤水稳性团聚体的粒径分布以小粒径为主（郭贤仕等，2010）。本试验发现随着土壤深度的不断加深，免耕秸秆覆盖还田处理相较于传统耕作对小区内土壤水稳性团聚体的粒径分布及稳定性的影响逐渐减弱，这一结果与（陈强等，2014；Medeiros et al.，1997）的研究结果相同。这一结果的可能原因是免耕秸秆覆盖还田对于深层土壤中的有机质含量提升作用不够明显，缺乏团粒结构形成的必要物质基础（Castro et al.，2002）。而本试验结果发现 2016 年免耕秸秆覆盖还田对小区内 10～20 厘米土层土壤的大粒径水稳性团聚体含量和水稳性团聚体的稳定性有显著的增加作用，可推断经过长期免耕秸秆覆盖还田处理可能会促进小区内深层土壤水稳性团聚体稳定性增加。因此免耕秸秆覆盖还田措施在研究区内可有效地增加土壤表层的大粒径水稳性团聚体含量、提高土壤结构的稳定性，进而提高土壤抗侵蚀性。

秸秆深翻埋还田处理由于将秸秆深翻埋至土壤耕层以下，相对于传统耕作处理对土壤的干扰更大，增加了土壤的矿化作用，但由于秸秆的施入会增加土壤深层剖面中有机质的含量及固存，有利于土壤大粒径水稳性团聚体的形成（王峻等，2018）。同时秸秆深翻埋还田处理会降低土壤犁底层坚实度和容重，进一步优化土壤的物理性状（于博等，2017；马永良等；2003）。本试验的结果表明秸秆深翻埋还田处理能够显著增加 10～20 厘米土层的土壤大粒径水稳性团聚体含量及土壤水稳性团聚体稳定性，而对土壤 0～10 厘米土层的土壤水稳性团聚体相较于传统耕作处理无显著影响，这一结果与张鹏等（2012）的研究结果相似。但于博等（2017）认为长期连续秸秆深翻埋还田会破坏犁底层的土壤结构，推荐对土壤施行隔年秸秆深翻埋还田处理，可达到对土壤耕层进行培肥改良，同时保护犁底层的效果。由于本试验仅进行了两年秸秆深翻埋还田处理，因此其对土壤的长期效应还需进行长期的观测。

4.4　小结

综上研究结果表明，免耕秸秆覆盖还田对试验区坡耕地小区 0～10 厘米土层的土壤容重和总孔隙度以及 10～30 厘米土层的土壤水稳性团聚体粒径分布和稳定性无明显的影响，但可显著降低小区内

0～10厘米土层的土壤三相比R值、增加土壤大粒径水稳性团聚体含量和水稳性团聚体的稳定性，说明免耕秸秆覆盖还田处理可改善0～10厘米土层的土壤结构并提高土壤抗侵蚀性；秸秆深翻埋还田处理能够显著增加0～10厘米土层的土壤非毛管孔隙度和10～30厘米土层的土壤大粒径水稳性团聚体含量和水稳性团聚体的稳定性，但对0～10厘米土层的土壤容重、三相比R值以及土壤水稳性团聚体的粒径分布和稳定性指标无显著影响，说明秸秆深翻埋还田处理可以改善土壤的孔隙结构，增强土壤表层的通气性、渗水性和土壤深层的蓄水性。

第5章　不同秸秆还田方式对坡耕地的水土保持作用

5.1　材料与方法

5.1.1　试验设计

试验设计同 2.2，在试验小区内布置"可移动水土流失观测装置"用于测定小区内径流量和泥沙量。

5.1.2　研究方法

土壤体积含水量：2015—2016 年作物生长季内（5 月至 10 月）约间隔 15 天，测定土壤 0~150 厘米的土壤含水量，其中 0~20 厘米土层的土壤水分用 TDR（TDR 300，美国）测定，20~150 厘米土层的土壤水分用中子仪（CNC503B，中国）进行测定，且测定的土壤剖面深度分别为 20 厘米、30 厘米、40 厘米、50 厘米、70 厘米、90 厘米、110 厘米、130 厘米和 150 厘米。

土壤储水量（0~150 厘米）利用以下公式进行计算：

$$WS = \sum_{i=1}^{n} \theta_i \Delta Z_i \qquad (5-1)$$

式中 WS 为总土壤储水量，θ_i 为相应土层（i）的土壤体积含水量（厘米^3/厘米^3），ΔZ_i 为相应土层（i）的厚度（毫米）。

土壤入渗速率：双环入渗法（陈强等，2014），测定时间为 2015—2016 年的 6 月、8 月和 10 月，测定小区为 NTS、CT1、PTS 和 CT2 处理相对应小区。

径流泥沙监测：利用可移动水土流失观测装置（Sun 等，2014）测定，测定时间为 2015—2016 年的 5 月至 10 月，测定小区为 NTS、CT1、PTS 和 CT2 处理相对应小区。具体步骤为在单次降雨结束后首先用电脑连接"可移动水土流失观测装置"上的记录仪下载产流数据，之后计算单次降雨产生的地表径流量，同时更换采集泥沙含量的样品瓶，之后将样品瓶带回实验室烘干称重，测定泥沙含量，最后计算单次侵蚀量。

小区全年产生径流次数和输沙次数：通过可移动水土流失观测装置进行观测。

5.1.3　数据分析

试验数据采用 Microsoft Excel 2013 和 SPSS 21.0 对土壤储水量、入渗速率、径流量和侵蚀量的数据进行统计分析，利用 Pearson correlation coefficient 方法对水土保持功效指标与土壤物理及肥力因子的相关性进行多元素分析，显著水平 $P \leqslant 0.05$，利用 Origin 9.0 完成绘图。

5.2　结果与分析

5.2.1　不同秸秆还田方式下的水土保持作用

5.2.1.1　不同秸秆还田方式下的土壤水分动态变化

图 5-1（a）为免耕秸秆覆盖还田处理（NTS）和传统耕作（CT1）处理小区在 0～150 厘米土层深度的土壤储水量的年际变化（2015 年和 2016 年）。从图中可以看出 2015 年和 2016 年两种处理的土壤储水量平均波动范围分别为 156.24 毫米和 283.29 毫米，与2015 年和 2016 年的降雨分布有很大的关系，即降雨分布均匀会使土壤储水量有较小的波动，且受降雨量的影响较小，而降雨分布不均且有较大规模的降雨时会导致土壤储水量有较大的波动，

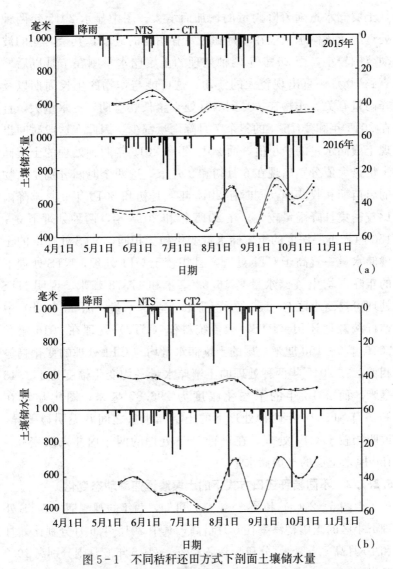

图 5-1　不同秸秆还田方式下剖面土壤储水量

注：（a）表示免耕秸秆覆盖还田和传统耕作，（b）表示秸秆深翻埋还田和传统耕作；NTS 表示免耕秸秆覆盖还田；PTS 表示秸秆翻压深翻埋还田；CT1 和 CT2 表示传统耕作。

且土壤储水量随着降雨量的增加而增大。图中显示 2015 年两种处理的土壤储水量仅在 6 月和 7 月有明显的波动，其余时间的波动范围较小，而 2016 年两种处理的土壤储水量则在 7 月以后一直到 10 月一直出现较大的波动，这可能与作物的生长周期以及降雨量有关。作物在 7 月到 8 月处于生长旺盛期，耗水量大，且在 2015 年和 2016 年的整个 7 月降雨量都少，因此在这段时间出现土壤储水量的最小值，而 2015 年和 2016 年两种处理的土壤储水量最大值分别出现在 6 月初和 9 月末，这两个时间分别是作物的出苗期和收获期，同时在 2015 年 6 月初和 2016 年 9 月末降雨比较密集且降雨量较大。在 2015 年和 2016 年，两种处理下 0~150 厘米土层深度的土壤储水量变化趋势相同，NTS 处理下的土壤储水量一直高于 CT1 处理，且相较于 CT1 处理，NTS 处理下的年际平均土壤储水量高 16.63 毫米和 17.18 毫米，说明 NTS 处理可提高小区 0~150 厘米土层的土壤储水量。图 5-1（b）中秸秆深翻埋还田（PTS）和传统耕作（CT2）处理在 2015 年和 2016 年 0~150 厘米土层的土壤储水量均与 CT1 处理的变化趋势相似，在 2015 年两种处理的土壤储水量平均变化幅度为 101.43 毫米，而 2016 年的平均化幅度为 296.87 毫米；图中显示在 2015 年和 2016 年两种处理下的土壤储水量之间并无明显差异，说明相较于 CT2 处理，在进行 PTS 处理的两年内并未改变 0~150 厘米土层的土壤储水量。

5.2.1.2 不同秸秆还田方式下的土壤渗透速率动态变化

由图 5-2（a）和图 5-3（a）可知，两年的观测期内 NTS 处理下小区的土壤初渗率在 6 月最高，其中 2015 年 6 月分别比 8 月和 10 月高 7.5 毫米/分和 5.9 毫米/分，2016 年 6 月则分别高 10.9 毫米/分和 9.9 毫米/分，而 6 月、8 月和 10 月的土壤稳渗率则无明显差别；CT1 处理小区在两年的观测期内土壤初渗率的不同月份变化趋势与 NTS 小区相同。相较于 CT1 处理，NTS 处理下土壤初渗率高，且在 2015 年和 2016 年的 6 月、8 月和 10 月两个处理的差值均呈现逐渐减小的趋势，其中在 2015 年 NTS 处理比 CT1 处理的土壤初渗率分别高 4.6 毫米/分、2.3 毫米/分和 1.8 毫米/分，2016 年的 6 月、8 月和 10 月的两个处理的土壤初渗率差值分别为

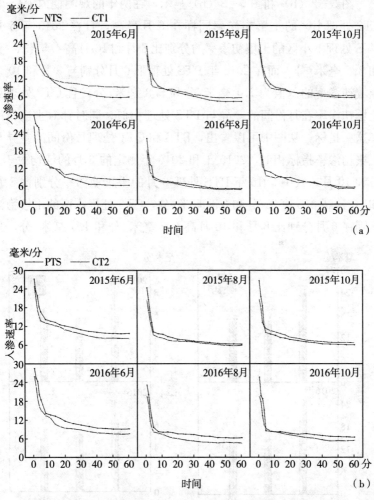

图 5-2　不同秸秆还田方式下土壤入渗速率的变化

6.0毫米/分、2.5毫米/分和1.8毫米/分，同时 NTS 处理下的土壤稳渗率在 2015 年 6 月、8 月和 2016 年 6 月均低于 CT1 处理，而在其他观测时间两个处理的土壤稳渗率无明显差异，说明 NTS 处理可以提高土壤的初渗率，但可能会降低土壤的稳渗率或者无明显作用。

图 5-2（b）和图 5-3（b）显示，在两年的观测期内 PTS 和 CT2 处理小区的土壤初渗率同样在 6 月最高，且在 2015 年 6 月 PTS 处理下小区的土壤初渗率的分别比 8 月和 10 月高 4.5 毫米/分和 3.7 毫米/分，而在 2016 年 PTS 处理下 6 月分别与 8 月和 10 月土壤初渗率的差值为 7.1 毫米/分和 5.8 毫米/分，且 CT2 处理下土壤初渗率在月份间的差异与 PTS 处理相似。同时针对土壤稳渗率这一指标，从图中可以看出，PTS 和 CT1 处理月份间的差异与土壤初渗率指标相似，2015 年和 2016 年测定的 6 月的值均大于 8 月和 10 月，其中 2015 年 PTS 处理 6 月的土壤稳渗率分别比 8 月和 10 月高 3.3 毫米/分和 3.5 毫米/分，CT2 处理小区的土壤稳渗率则在 6 月分别比 8 月和 10 月高 2.3 毫米/分和 1.4 毫米/分，且

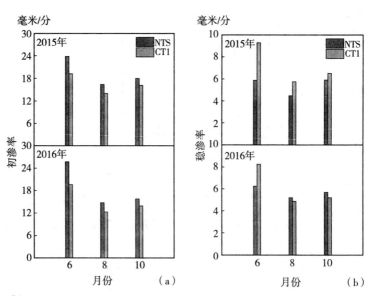

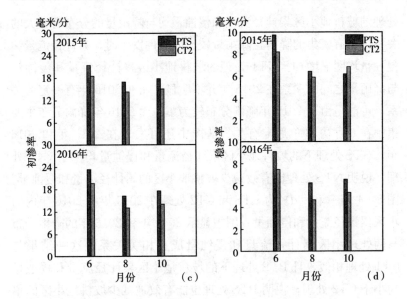

图 5-3　不同秸秆还田方式对土壤渗透性的影响

注：（a）、（b）表示免耕秸秆覆盖还田和传统耕小区的土壤初渗率和土壤稳渗率；（c）、（d）表示秸秆深翻埋还田和传统耕作小区的土壤初渗率和稳渗率；PTS 表示秸秆翻压深翻埋还田；CT1 和 CT2 表示传统耕作。

2016 年 PTS 和 CT2 处理下月份之间土壤稳渗率的差异与 2015 年相似。相较于 CT2 处理，PTS 处理在 2015 年和 2016 年土壤初渗率分别平均增加 2.7 毫米/分和 3.5 毫米/分，而对于土壤稳渗率，PTS 处理在 2015 年 6 月和 2016 年 6 月比 CT2 处理要高，但在 2015 年 8 月和 10 月 PTS 处理和 CT2 处理下的土壤稳渗率则无明显差异，说明 PTS 处理可以明显增加土壤初渗率，同时在一定程度上提高土壤稳渗率。

5.2.1.3　不同秸秆还田方式下的坡耕地小区径流量和侵蚀量的动态变化

试验区内不同秸秆还田方式下的小区累计径流及侵蚀量如图 5-4 所示。从图 5-4（a）和（b）可以看出，2015 年和 2016 年，CT1

处理的坡耕地小区累计径流量和侵蚀量均与降雨量的分布有很大的关系，当有密集的降雨且降雨量较大的事件发生时，累计径流量和侵蚀量均明显增加。NT1 处理的坡耕地小区累计径流量和侵蚀量与降雨量之间的关系在 2015 年并不明显，而在 2016 年有一定的关系，可能是由于 2015 年降雨分布较为集中而 2016 年降雨分布主要集中在 6 月初和 9 月末有关。从图中还可发现在 2015 年和 2016 年，NTS 处理下的坡耕地小区累计径流量和侵蚀量均小于 CT1 处理，说明 NTS 处理能有效减少坡耕地小区的累计径流量和侵蚀量。图 5-4（c）和（d）为 PTS 和 CT2 处理在 2015 年和 2016 年内的小区累计径流量和侵蚀量。图中显示 2015 年和 2016 年的降雨分布与两处理小区累计径流量和侵蚀量成正相关关系，这一结果与 CT1 处理相似，且 PTS 处理下的坡耕地小区累计径流量和侵蚀量均小于 CT2 处理，说明 PTS 处理也能有效地减少坡耕地小区的累计径流量和侵蚀量。

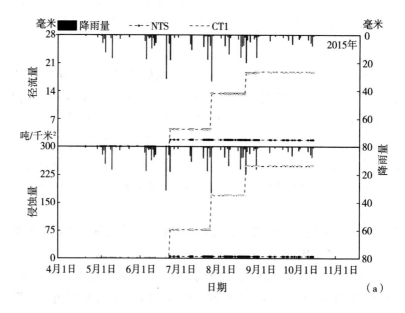

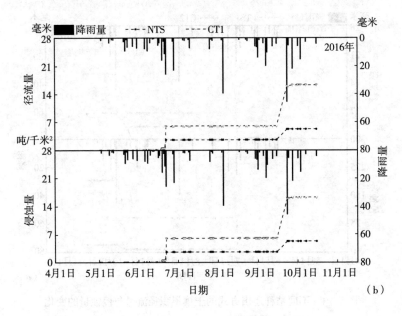

（b）

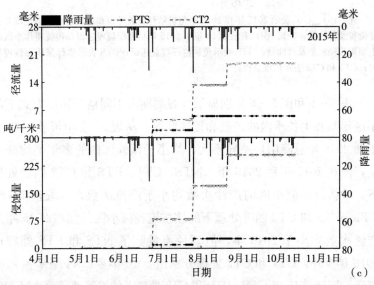

（c）

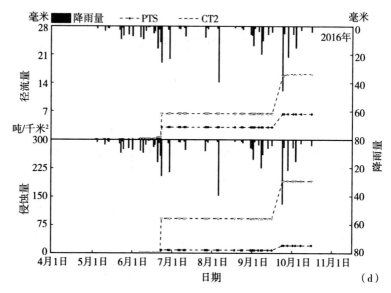

图 5-4　不同秸秆还田方式的土壤累积径流量与侵蚀量的变化
（2015—2016 年）

注：(a)、(b) 表示 2015 年和 2016 年免耕秸秆覆盖还田和传统耕小区的土壤累积径流量及侵蚀量；(c)、(d) 表示 2015 年和 2016 年秸秆深翻埋还田和传统耕作小区的土壤累积径流量及侵蚀量；NTS 表示免耕秸秆覆盖还田；PTS 表示秸秆翻压深翻埋还田；CT1 和 CT2 表示传统耕作。

　　表 5-1 和图 5-4 分别显示在观测期内不同秸秆还田方式下的小区年际和生长季内的径流和侵蚀状况。从表 5-1 中可看出 2015 年和 2016 年总降雨量差异不大，均小于试验区内的多年平均降雨量，但在 2015 年和 2016 年，NTS、CT1、PTS 和 CT2 四种处理下，坡耕地径流小区的产沙次数均小于产流次数，且发现 NTS、CT1、PTS 和 CT2 四种处理下的坡耕地径流小区虽然在 2015 年的产流次数均小于 2016 年，但其径流量除了 NTS 和 PTS 处理比2016 年少外，CT1 和 CT2 处理分别比 2016 年多 2.44 毫米和 2.63毫米。同样 2015 年 CT1、PTS 和 CT2 处理下的坡耕地径流小区产沙

次数与 2016 年相同，但其侵蚀量分别比 2016 年减少 59.31 吨/千米²、6.11 吨/千米² 和 62.59 吨/千米²。说明年际产流次数与径流量之间和产沙次数与侵蚀量之间的关系并非正相关关系。在两年的观测期内，NTS 处理坡耕地小区比 CT1 处理的产流次数均减少 4 次，总径流量分别减少 17.02 毫米和 10.98 毫米，产沙次数分别减少 3 次和 0 次，而总侵蚀量分别减少 242.37 吨/千米² 和 173.38 吨/千米²；同样相较于 CT2 处理，PTS 处理坡耕地小区的产流次数均减少 3 次、总径流量分别减少 13.38 毫米和 9.87 毫米，产沙次数分别减少 3 次和 0 次，总侵蚀量分别减少 226.79 吨/千米² 和 170.31 吨/千米²。

表 5-1　生长季不同秸秆还田方式的土壤径流量与侵蚀量

年份	降雨量 （毫米）	处理	产流次数	径流量 （毫米）	产沙次数	侵蚀量 （吨/千米²）
2015	404.2	NTS	1	1.71	1	5.04
		CT1	5	18.73	4	247.78
		PTS	2	5.41	2	26.58
		CT2	5	18.79	4	253.38
2016	394.3	NTS	2	5.31	2	15.09
		CT1	6	16.29	4	188.47
		PTS	3	6.30	2	20.48
		CT2	6	16.16	4	190.78

图 5-5 显示 2015 年试验区内降雨分布比较均匀，且仅有两场雨降雨量大于 20 毫米，而 2016 年试验区内降雨分布主要集中在 6 月末和 9 月末，在作物生长旺盛时期（7 月和 8 月）无连续降雨，但降雨量大于 20 毫米的次数有 5 次。在 2015 年，各处理坡耕地小区的径流和侵蚀事件发生于 2015 年相对降雨较集中且降雨量较大

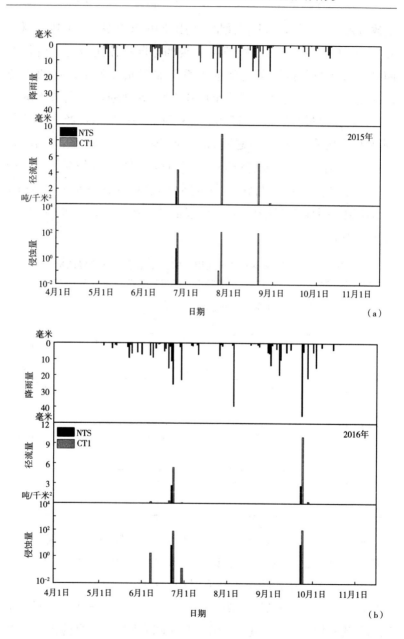

（a）

（b）

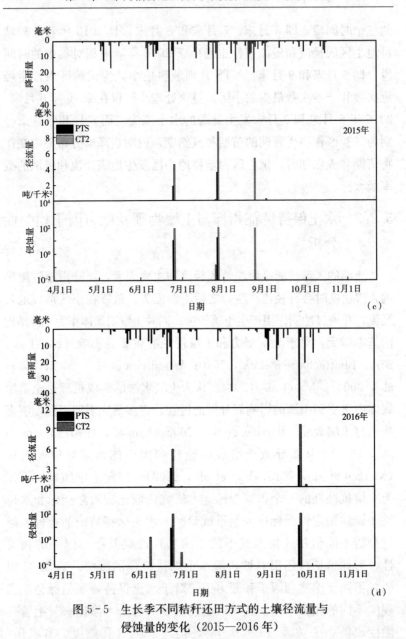

图 5-5　生长季不同秸秆还田方式的土壤径流量与
侵蚀量的变化（2015—2016 年）

的三个时间段，即 6 月末、7 月末和 8 月末，且 2016 年各处理坡耕地小区的径流和侵蚀事件也发生于 2016 年降雨相对集中的时间段，即 6 月末和 9 月末。NTS 处理坡耕地小区为试验区内发生径流次数和产沙次数最少的小区，且该处理小区仅在 2015 年 6 月末、2016 年 6 月末和 9 月末发生显著的水土流失，而 6 月和 9 月末分别为试验区作物生育期的苗期和成熟期，说明当降雨分布集中在作物苗期和成熟期时，试验区内坡耕地小区发生地表径流和侵蚀的概率最大。

5.2.2 水土保持特征指标与土壤物理及肥力因子相关性分析

　　土壤的入渗性能是影响地表径流的主要因素，当降雨超过土壤的入渗速度时会有径流产生，之后不断汇集，最终在小区形成地表径流，并通过冲刷作用产生土壤侵蚀。同时土壤团聚体作为土壤结构的基本单元，对于土壤肥力和土壤侵蚀有重要的影响（Hu et al.，2015；Bhattacharyya et al.，2010；Wuddivira et al.，2009；Six et al.，2004）。Ma et al.（2014）认为土壤水蚀的形成机理是土壤团聚体由于受到雨滴的影响而分散的过程。许多研究表明雨滴能够直接击打土壤表面（Barthes et al.，2002；Kinnell，1990；Young et al.，1973），从而导致土壤表面颗粒和团聚体的破坏以及搬运（Marzen et al.，2015；Van et al.，2002），因此土壤团聚体可作为土壤抗蚀性的一个重要指标。本研究选取土壤入渗指标和水稳性团聚体稳定性指标作为衡量试验区内水土保持特征的指标，通过分析不同秸秆还田方式下的土壤物理性状及肥力因子的相关性，可评价秸秆还田对坡耕地水土保持特征的影响。表 5-2 说明，不同土壤物理因子和肥力因子对于水土保持特征指标会产生程度不同的相关作用。其中可发现土壤的初始入渗速率与毛管孔隙度成负相关关系（$P<0.05$），但与非毛管孔隙度、有机质、

全氮含量和全钾含量则成显著的正相关关系，且与其他指标之间的相关关系较弱。土壤的稳定入渗率与容重成显著负相关关系，而与总孔隙度、非毛管孔隙度和三相比 R 值之间成显著正相关关系，且与其他因子间无显著的相关关系。土壤水稳性团聚体的三个稳定性指标 $R_{0.25}$、MWD 和 GWD 三者与各土壤物理和肥力因子的相关关系趋势相同，均与土壤毛管孔隙度和土壤三相比 R 值成显著负相关关系，但与所有肥力因子（土壤有机质、全氮、全磷和全钾）均成显著正相关关系。以上结果反映出土壤入渗率与土壤的孔隙结构有很大关系，即非毛管孔隙度分布的增加可显著增强土壤的入渗速率，并且土壤中的养分能够促进土壤水稳性团聚体的稳定性。

表 5-2　水土保持特征指标与土壤物理及肥力因子相关性分析

土壤养分及结构因子	水土保持功效指标				
	土壤初渗率	土壤稳渗率	$R_{0.25}$	MWD	GWD
土壤容重	−0.236	−0.826**	0.315	0.335	0.372
总孔隙度	0.223	0.825**	−0.316	−0.333	−0.369
毛管孔隙度	−0.412*	0.356	−0.566*	−0.502*	−0.535*
非毛管孔隙度	0.833*	0.649**	0.308	0.201	0.195
三相比 R 值	0.036	0.446*	−0.621*	−0.634*	−0.643*
土壤有机质	0.546*	0.079	0.898*	0.845*	0.854*
全氮	0.585*	0.154	0.897*	0.845*	0.846*
全磷	0.375	0.002	0.879*	0.852*	0.861*
全钾	0.494*	0.142	0.832*	0.737*	0.743*

注：表中 * 代表显著性在 $P \leqslant 0.05$ 水平。

5.3 讨论

5.3.1 不同秸秆还田方式下的水土保持作用

土壤水是陆地水资源的重要组成成分之一，其数量部分取决于土壤的深度（Zhang et al.，2016）。由于土壤表层的保护作用，可以使土壤深层剖面的水资源保持稳定并为植物的生长提供稳定的水源（Wang et al.，2012）。本研究结果说明相较于传统耕作处理，免耕秸秆覆盖还田处理能够显著增加土壤储水量，这与多数研究结果相同（Wang et al.，2011；Fabrizzi et al.，2005）。这是由于秸秆覆盖还田能够减少土壤蒸发和增加作物蒸腾作用，会提高土壤10%～20%的水分利用效率（Deng et al.，2006）。降雨作为土壤水分的主要来源，土壤储水量的大小与降雨量有很大的相关性。本试验结果说明土壤储水量（0～150厘米）随着降雨量的增加而有明显的波动，但其波动大小与降雨的分布有关，当降雨分布较为均匀时，土壤储水量的波动较为平缓，反之土壤储水量的波动较大。同时本研究发现秸秆深翻埋处理与传统耕作处理的土壤储水量并无明显差异，这一结果与 Busscher et al.（2002）的研究结果不同，可能由于秸秆深翻埋处理的年限较短而对0～150厘米的剖面土壤储水量还未产生明显的作用。土壤水分入渗是形成土壤水的过程（雷廷武等，2006），且水分入渗的过程和能力可以决定降雨的再分布，进而影响地表径流和土壤中的水分状况。已有研究结果表明，土壤入渗性能越好，土壤的地表径流越小，水土保持的效果越明显（张治伟等，2010）。通过对研究区域的土壤入渗情况进行分析后发现，免耕秸秆覆盖还田处理和秸秆深翻埋还田处理下的土壤初始入渗率均大于传统耕作处理。土壤初始入渗率越高，越有利于雨水快速入渗到土壤中，能够有效减少由于瞬间暴雨而导致土壤表层产生的积水（陈强等，2014）。免耕秸秆覆盖还田处理由于能够有效增加土壤表层的有机质含量和土壤大粒径水稳性团聚体的含量，因此可促进土壤形成良好的结构，进而增加土壤的初始入渗率。但同时免耕秸秆覆盖还田处理对土壤的扰动较少，相对于传统耕作处理小区的总孔隙度会降低，因此在六月传统耕作小区的土壤还未回实时，发现其土壤稳定入渗率明显高于免耕秸秆覆盖还田处理。而秸秆深翻埋还田处理在上一年秋收后，虽然相对于传统耕作处理对土壤的扰动性更大，但由于在土壤犁底层埋入秸秆，会极大地缓解犁底层的土壤致密度，能够促进土壤水分的入渗（肖继兵等，2011），因此秸秆深翻埋还田处理会增加土壤的稳定入渗率。

水力侵蚀是本研究区域内土壤侵蚀的主要形式（赵军等，2007），因此降雨是本区域内土壤侵蚀的主要影响因素。在本研究中传统耕作处理小区由于在前一年秋收后进行了旋耕，对土壤的扰动较大，之后经过冬季和春季的冻融作用会导致在第二年5月播种时，耕层土壤容重较低且孔隙状况较好，同时这段时间的降雨分布较少且强度较低，不易产生地表径流和侵蚀，因此在本研究区域5月传统耕作处理小区产生的地表径流和土壤侵蚀较少。进入6月，试验区内的降雨量不断增大且降雨次数变多，由于农作物处于苗期，对行间的降雨截留效果较差，雨水会直接拍击土壤，使传统耕作处理小区内土壤孔隙度逐渐减少，紧实度增加，土壤会逐渐回实（李洪文等，1997），导致土壤的整体结构和导水性能下降，渗透速率降低，同时试验区内的传统耕作处理为顺坡垄作，整个小区存在一定的坡度，因此传统耕作处理小区的土壤水土流失表现与降雨成正相关关系，即如果在作物苗期有高强度降雨，极易产生地表径流并发生严重的土壤侵蚀（刘兴土等，2009）。7月到9月为试验区作物的生长旺盛期，一方面作物的耗水量增大会吸收土壤中的水分，作物根系不断生长会通过促进土壤的入渗能力增加土壤蓄水能力，并推迟径流出流（傅伯杰等，1998；Moss et al.，1987）；另一方面，随着作物的不断生长，作物的盖度增加，能够有效地拦蓄降雨，同时其茎叶也会对降雨产生截留作用（王迪等，2006），能够有效地降低雨滴的动能，进而削减雨滴对于土壤表层的击溅和破坏，最终对地表径流起到较好的拦蓄效果。因此在试验区的这段时间内传统耕作处理坡耕地小区的产流次数和产沙次数均有所减少（如本试验 2016 年数据）；当遇到连续且强度较高的降雨时，传统耕作小区还是会产生地表径流和土壤侵蚀（如本试验 2015 年数据）。9 月到 10 月为试验区作物的成熟期，这段时间作物的叶片会出现脱落或者萎缩的现象，一方面对于降雨的截留作用减弱，另一方面在土壤表层会有叶片覆盖，一定程度上降低了土壤的入渗率，因此这段时间如果有强降雨，传统耕作处理小区极易发生地表径流和土壤侵蚀（如本试验 2016 年数据）。

本研究结果显示，免耕秸秆覆盖还田处理和秸秆深翻还田均可有效减少研究区域内坡耕地小区的径流量和侵蚀量。免耕秸秆覆盖还田处理一方面对土壤的扰动较少，土壤的结构相对稳定，土壤初始入渗率较高，有利于雨水的入渗，因此在降雨过程中不易产生地表径流和土壤侵蚀（郑世清等，1988）；另一方面，由于地表一直有秸秆覆盖，能够缓解雨滴对土壤的击溅作用（Wright et al.，2000），同时对地表径流有明显的阻挡作用（陈强等，2014）。由于小区地表秸秆的腐解作用会增加土壤表层有机质的含量，而土壤有机质与土壤团聚体的形成有密切的关系，有研究表明土壤有机质是土壤团聚体形成的胶结物质，而土壤团聚体是土壤有机质的存在场所（刘中良等，2011；Tisdall et al.，1982），因此免耕秸秆覆盖还田处理会增加土壤中的水稳性大团聚体含量和稳定性，这与本试验的结果相同。土壤团聚体与土壤侵蚀关系紧密，有研究结果表明土壤中的水稳性团聚体粒径组成是反映土壤抗蚀力的重要参数，大于 0.25 毫米水稳性团聚体含量与由单位降雨侵蚀力所引起的侵蚀量有密切的关系，故对土壤侵蚀有明显的作用（查小春等，2001；郭培才等，1992）。综上所述，免耕秸秆覆盖还田处理可以通过增加土壤 0～10 厘米土层的大于 0.25 毫米水稳性团聚体含量促进土壤形成良好的结构，进一步改善土壤的蓄水和保水能力，最终降低该处理下的小区水土流失。秸秆深翻埋还田处理小区由于在上一年秋季将秸秆深翻埋至土壤的 20 厘米处，打破了小区土壤的犁底层，能够提高土壤耕层下部的雨水渗入量和储存量，通过增加土壤初始入渗率和稳定入渗率，可有效地减少地表径流和土壤侵蚀的产生。同时由于秸秆深翻埋还田处理小区表面无秸秆覆盖，且小区耕作方式仍是顺坡垄作，因此当降雨量和降雨强度较大时，雨水会汇集于该小区的垄沟，并沿坡向产生地表径流和土壤侵蚀，但相对于传统耕作处理小区，秸秆深翻埋还田处理小区在 2015 年和 2016 年的观测期内能够明显减少地表径流和土壤侵蚀。

5.3.2　水土保持特征指标与土壤物理及肥力因子相关性分析

本研究区的侵蚀类型属于坡面侵蚀，与降雨、地形、植被和土壤等诸多因素有关。降雨作为土壤侵蚀发生的原动力，与径流和侵蚀的产生有直接关系，主要通过降雨量、降雨强度以及降雨历时等指标影响土壤坡面侵蚀（关君蔚，1996；Wischmeier et al.，1958）；地形能够决定地面物质与能量的形成和再分配，同样是影响水土流失的重要因子，主要通过坡长、坡度和坡型等因素影响土壤坡面侵蚀（Xu et al.，2009；范昊明等，2005）；植被可以通过其类型、覆盖度、枯枝落叶层和根系等方面对降雨特性、土壤性质以及地表径流性质进行改变，进一步影响土壤坡面侵蚀（唐涛等，2008；Pan et al.，2006）；不同于以上所描述的外在因素，土壤是影响侵蚀发生的内在因素，在各种外在因素均保持一致的情况下，主要由土壤颗粒的组成和团聚体的相关特性决定土壤坡面侵蚀的程度。通过上一章和本章的讨论可以得出免耕秸秆覆盖还田处理一方面通过还田秸秆的腐解作用增加土壤0～10厘米土层的养分（有机质、全氮、全磷和全钾）含量，进而增强土壤表层的土壤水稳性团聚体稳定性，改善土壤表层的三相比状况，增强土壤自身的抗蚀性；另一方面可以增加土壤的入渗性能，进而加强土壤的蓄水和渗水能力，最终达到减少地表径流和土壤侵蚀的功效。秸秆深翻埋还田处理通过改善土壤犁底层的结构及肥力状况，可以显著增强土壤入渗性能，并及时提供作物根系所需营养，加强作物根系发展，最终达到保土蓄水的效果。

5.4　小结

综上研究结果表明，2015年和2016年观测期内免耕秸秆覆盖还田处理可明显增加土壤0～150厘米土层的储水量和0～10厘米土层的土壤初始入渗率，但其土壤稳定入渗率比传统耕作处理小区要小，说明免耕秸秆覆盖还田处理在研究区内还未能完全改善坡耕地小区的土壤结构；秸秆深翻埋还田处理可明显增加0～10厘米土层的初始入渗率和稳定入渗率，但与传统耕作处理相比，对0～150厘米土层的储水量无明显的影响；0～150厘米土层的储水量与降雨强度分布有密切的相关性，降雨分布较均匀且无高强度降雨发生时，土壤储水量的波动较为平缓，反之土壤储水量随高强度降雨发生时间而波动。

免耕秸秆覆盖还田处理小区由于土壤表层秸秆的截留作用，可有效地改善土壤的入渗能力，在2015和2016年观测期内相较于传统耕作处理小区，能有效地减少径流次数、径流量、输沙次数以及侵蚀量。传统耕作处理小区所产生的径流量和侵蚀量与作物的生育期、降雨强度和降雨分布有直接关系；在作物播种期由于土壤结构较好，不易产生地表径流和土壤侵蚀；在作物苗期由于土壤结构变差且无作物的影响，极易产生地表径流和土壤侵蚀；在作物生长旺盛期由于作物截留降雨和改善土壤结构的作用，不易产生地表径流和土壤侵蚀；在作物成熟期由于作物的作用减弱且土壤结构变差，也容易产生地表径流和土壤侵蚀。秸秆深翻埋还田处理小区由于能够改善犁底层的土壤结构和增强土壤蓄水及入渗能力，相对于传统免耕处理同样能够有效地减少径流次数、径流量、输沙次数以及侵蚀量。

第6章　秸秆还田对黑土区坡耕地水力侵蚀的影响

6.1　材料与方法

6.1.1　试验设计

同 2.2。

6.1.2　研究方法

本研究采用两个数据集，分别为 2011—2016 年径流小区的年度观测数据以及 2016 年观测期（5—10 月）内的过程观测数据，两个数据集中均包括降雨量、所有地块的地表径流量和土壤流失量。其中 2016 年数据中的降雨特征数据（降雨强度、降雨量、降雨历时）均来自试验地气象站，其中以 I_{30}（30 分钟降雨强度）表示降雨强度（Wischmeier et al.，1978）。同时，在观测期内，每两周利用数字摄影方法测量作物的冠层，并进行记录（Robson et al.，2013）。观测期内的各径流小区所产生的地表径流及土壤流失量则通过可移动水土流失观测装置（Sun et al.，2014）进行测定，具体测定方式与 5.1.2 中的方法相同。

6.1.3　数据分析

利用 Microsoft Excel 2013 和 SPSS21.0 对观测数据进行统计分析、方差分析以及 Pearson 相关系数分析。采用单因素方差分析检验各处理对地表径流量和土壤流失量的影响，同时采用 Tukey

检验进行均值比较。利用 OriginPro 9.0 对径流小区年地表径流量与年降水量进行线性回归分析。采用线性相关分析方法对地表径流量、土壤流失量、作物冠层和降雨特征进行相关分析。采用概率水平为 0.05 的 Tukey 多重比较判定差异显著性，当 $P<0.1$ 时，自动将变量输入逐步回归模型。数据均以平均值表示。

对土壤储水量、入渗速率、径流量和侵蚀量进行统计分析，利用 Pearson correlation coefficient 方法对水土保持功效指标与土壤物理及肥力因子的相关性进行多元素分析，显著水平为 $P \leqslant 0.05$，利用 OriginPro 9.0 完成绘图。

6.2 结果与分析

6.2.1 秸秆还田黑土区坡耕地水力侵蚀特征

黑土区坡耕地 2011—2016 年四种处理措施下（NT-5、CT-5、NT-7、CT-7）的年地表径流量和年土壤流失量如表6-1所示。

表 6-1 2011—2016 年东北地区不同年份降水量和不同处理措施下（NT-5、NT-5、NT-7 和 NT-7）地表径流量（毫米）和土壤流失量（吨/千米²）（$n=72$）

处理措施		2011 年	2012 年	2013 年	2014 年	2015 年	2016 年
地表径流量	NT-5	6.17c,B	0.05c,B	59.15c,A	1.32c,B	0.09c,B	5.31c,B
	CT-5	24.09b,BC	8.76b,C	99.87b,A	34.02b,B	6.59b,C	16.29b,C
	NT-7	15.28bc	6.71b,D	74.14bc,A	31.74b,C	5.64b,D	15.74b,C
	CT-7	93.80a,B	24.88a,DE	136.08a,A	57.39a,C	16.32a,E	43.41a,CD
土壤流失量	NT-5	0.45c,C	5.48b,B	0.50c,C	0.03d,C	0.12d,C	15.09d,A
	CT-5	215.13b,B	328.74bA	22.08b,C	13.98b,C	300.7b,A	188.47b,B
	NT-7	2.22c,C	132.99b,A	3.70c,C	6.25c,C	60.03c,B	145.54c,A
	CT-7	1 163.46a,C	3 299.18a,A	35.15a,D	41.38a,D	1 337.95a,C	2 561.23a,B

注：表中同一列以不同小写字母（a～d）表示在 $P<0.05$ 的水平上显著；表中同一行以不同大写字母（A～E）表示显著性在 $P<0.05$ 的水平上显著。

可从表中看出在相同年降雨量条件下，耕作方式和坡度对于径流小区的地表径流量和土壤流失量影响显著，其中在相同降雨条件下各处理措施的径流小区中CT－7处理下的径流小区所产生的年地表径流量和年土壤流失量最多，且显著高于其他处理；在降雨量和坡度相同的条件下，CT处理下径流小区所产生的年地表径流量和年土壤流失量显著高于NT处理；在降雨量和耕作相同的条件下，7°径流小区所产生的年地表径流量和年土壤流失量显著高于5°小区。

表6－2为黑土区坡耕地2016年内所观测的径流小区不同处理措施下所产生的地表径流次数、径流系数、输沙次数以及输沙量。可看出2016年的观测期总降雨量为394.3毫米，地表径流量和土壤流失量随耕作方式和坡度的不同而变化。四种处理措施下的径流系数和土壤流失量均呈现显著的差异性，其中CT处理下的径流系数和土壤流失量均显著高于NT处理，且对于坡度为5°和7°的坡耕地，CT处理下所产生的土壤流失量是NT处理的7倍，径流系数是NT处理的9倍；坡度为7°的坡耕地所产生的径流系数和土壤流失量均显著高于坡度为5°的坡耕地，且相同的耕作处理措施下，坡度为7°的坡耕地所产生的土壤流失量是坡度为5°的坡耕地的8倍，径流系数是坡度为5°的坡耕地的2倍。

表6－2　2016年不同耕作方式和坡度对地表

径流量和土壤流失量的影响

处理措施	降雨（毫米）	产生径流次数（次）	径流系数（%）	产生土壤流失次数（次）	土壤侵蚀模数（吨/千米^2）
NT－5		2	2.1±0.15c	2	15.1±1.65d
CT－5	394.3	6	6.5±0.17b	4	188.5±0.55b
NT－7		10	6.3±0.26b	4	145.5±3.01c
CT－7		13	17.3±0.98a	8	1 561.2±6.01a

注：表中同一列以不同小写字母（a～d）表示在$P<0.05$的水平上显著。

6.2.2　不同耕作措施下黑土区坡耕地水力侵蚀影响因素

黑土区坡耕地水力侵蚀影响的因素较多，本研究主要从降雨量、坡度、耕作方式以及作物覆盖度四个方面进行深入探讨。本研究中 2011—2016 年针对四种不同处理（NT-5、CT-5、NT-7、CT-7）小区所产生的地表径流量与年降雨量之间的关系如图 6-1所示，可看出年降雨量与小区地表径流产量之间呈现线性关系，且随着年降雨量的不断增加，各处理措施下小区的年径流量不断增加。为进一步研究降雨量对黑土区坡耕地的水力侵蚀的影响，本研究对 2016 年雨季（5—9 月）径流小区的侵蚀性降雨特征进行分析（表 6-3），发现在 2016 年观测期内共存在 54 次降雨，总降雨量为394 毫米，其中有 14 次侵蚀性降雨引起径流小区产生地表径流和

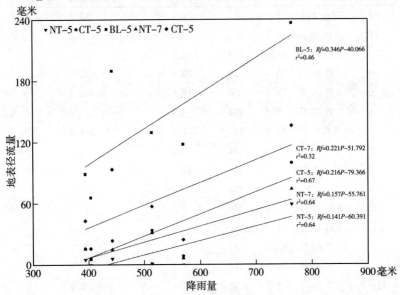

图 6-1　2011—2016 年东北地区不同耕作方式和坡面处理的
径流量与年降水量之间的关系（$n=24$）

注：图中 Rf 表示径流量，P 表示年降水量，r^2 为决定系数。

土壤流失，且这 14 次侵蚀性降雨所产生的降雨量为总降雨量的 3/5。2016 年侵蚀性降雨中最大降雨量为 45.5 毫米、最小降雨量为 4.2 毫米、平均降雨量为 17.9 毫米，持续时间最长为 1 314.0 分钟、最短为 53.0 分钟、平均为 364.3 分钟，30 分钟内降雨强度（I_{30}）最大为 39.4 毫米/小时、最小为 5.8 毫米/小时、平均为 16.8 毫米/小时，降雨侵蚀力最大为 470.7（兆焦·毫米）/（公顷·小时）、最小为 5.0（兆焦·毫米）/（公顷·小时）、平均为 104.0（兆焦·毫米）/（公顷·小时）。

表 6-3　2016 年侵蚀性降雨特征

降雨事件	日期	降雨量 （毫米）	历时 （分钟）	降雨强度 I_{30} （毫米/小时）	降雨侵蚀力 ［（兆焦·毫米）/（公顷·小时）］
1	6 月 8 日	7.8	53	14.4	27.5
2	6 月 10 日	9.2	318	8.6	12.5
3	6 月 21 日	15.8	456	10.4	26.6
4	6 月 24 日	25.8	90	39.4	270.9
5	6 月 30 日	23.0	350	18.8	103.1
6	7 月 27 日	8.0	414	9.9	16.8
7	8 月 6 日	39.4	775	34.2	341.9
8	9 月 1 日	13.9	236	16.2	52.5
9	9 月 7 日	19.8	184	15.4	76.8
10	9 月 8 日	10.4	294	8.8	22.5
11	9 月 12 日	6.0	140	9.2	10.7
12	9 月 15 日	4.2	335	5.8	5.0
13	9 月 23 日	45.5	141	37.6	470.7
14	9 月 27 日	21.8	1 314	6.5	18.0
最小值		4.2	53	5.8	5.0
最大值		45.5	1 314	39.4	470.7
平均值		17.9	364.3	16.8	104.0
总和		250.6	5 100	235.2	1 455.4

　　表6-4和图6-2为本研究于2016年实测获得的数据，其中表6-4为对四种处理措施下的坡耕地地表径流量、土壤流失量、降雨侵蚀力以及地表作物覆盖度之间的关系进行分析的结果。结果发现，NT-5、CT-5、NT-7、CT-7处理下的降雨侵蚀力与土壤地表径流量之间回归方程的R^2分别为0.58、0.65、0.60和0.62，降雨侵蚀力与土壤流失量之间回归方程的R^2分别为0.61、0.62、0.63和0.79；将地表作物覆盖度加入到回归方程后（表6-4-b），NT-5、CT-5、NT-7、CT-7处理下的降雨侵蚀力和地表作物覆盖度与土壤地表径流量之间回归方程的R^2分别为0.65、0.74、0.75和0.78，降雨侵蚀力和地表作物覆盖度与土壤流失量之间回归方程的R^2分别为0.68、0.69、0.71和0.83。即相较于未考虑地表作物覆盖度时，加入地表作物覆盖度后得到的关于地表径流量与影响因素之间的回归方程的R^2和土壤流失量与影响因素之间的回归方程的R^2分别平均增加19.2%和10.2%；同时发现径流小区所产生的地表径流量和土壤流失量会随着降雨侵蚀力的不断增加而增加，但会随着地表作物覆盖度的不断增加而降低；除此之外，NT-5处理下径流小区所产生的地表径流量和土壤流失量与影响因素之间的回归方程R^2最小，而CT-7处理下径流小区所产生的地表径流量和土壤流失量与影响因素之间的回归方程R^2最大。图6-2为2016年观测期内降雨量分布情况及不同处理措施下所监测的地表作物覆盖度、地表径流量和地表土壤流失量的变化情况，结果发现2016年降雨密集时期主要集中于6—7月和9—10月。地表作物覆盖度随着作物的生长期而发生变化，即6月之前各处理措施下地表作物覆盖度最小，6—7月属于作物生长旺盛期，这一阶段各处理措施下地表作物覆盖度均处于快速增长阶段；8—9月初，属于作物开花期，各处理措施下地表作物覆盖度保持较高值，约为95%；9月中旬至10月，属于作物成熟期，各处理措施下地表作物覆盖度均处于快速下降的阶段。除此之外，在

观测期内各处理措施所产生的地表径流和土壤流失主要分布于 6 月底和 9 月底，且 CT－7 处理下的径流小区产生地表径流和土壤流失的次数最多，NT－5 处理下的径流小区产生地表径流和土壤流失的次数最少。

表 6－4　东北黑土区不同处理下地表径流量、土壤流失量、降雨侵蚀力和地表作物覆盖度的线性回归结果

a. 不考虑地表作物覆盖度

处理	地表径流量（毫米）			土壤流失量（吨/千米²）		
	回归方程	R^2	Sig.	回归方程	R^2	Sig.
NT－5	$RF=0.005F-0.143$	0.58	<0.01	$SL=0.015F-0.045$	0.61	<0.01
CT－5	$RF=0.016F-0.486$	0.65	<0.01	$SL=0.182F-5.435$	0.62	<0.01
NT－7	$RF=0.011F-0.009$	0.60	<0.01	$SL=0.129F-3.029$	0.63	<0.01
CT－7	$RF=0.022F+0.781$	0.62	<0.01	$SL=1.748F+1.197$	0.79	<0.01

b. 考虑地表作物覆盖度

处理	地表径流量			土壤流失量		
	回归方程	R^2	Sig.	回归方程	R^2	Sig.
NT－5	$RF=0.005F-0.007C+0.287$	0.65	<0.01	$SL=0.014F-0.02C+0.779$	0.68	<0.01
CT－5	$RF=0.015F-0.027C+1.377$	0.74	<0.01	$SL=0.174F-0.28C+13.631$	0.69	<0.01
NT－7	$RF=0.01F-0.023C+1.357$	0.75	<0.01	$SL=0.125F-0.189C+8.285$	0.71	<0.01
CT－7	$RF=0.021F-0.054C+4.377$	0.78	<0.01	$SL=1.705F-1.726C+116.109$	0.83	<0.01

注：RF 表示地表径流量（毫米）、SL 表示土壤流失量（吨/千米²）、C 表示地表作物覆盖度（％）、F 表示降雨侵蚀力 [（兆焦·毫米）/（公顷·小时）]。R^2 表示模型拟合程度，Sig. 表示数据显著性。

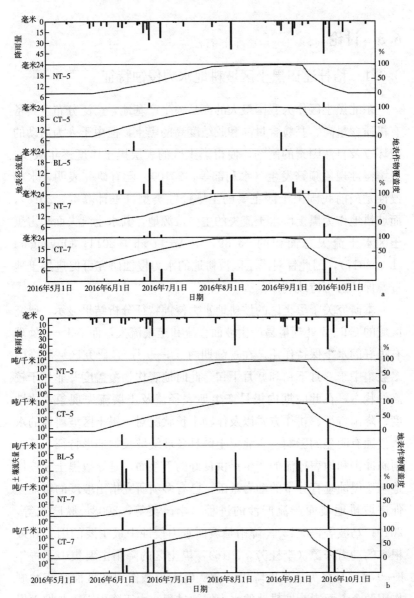

图 6-2　不同处理小区的降雨量、地表作物覆盖度、径流
事件（a）和土壤流失量事件（b）分布情况

6.3 讨论

6.3.1 秸秆还田黑土区坡耕地水力侵蚀特征

东北黑土区作为我国最大的商品粮生产基地，广泛分布着具备有机质含量高、黏粒含量高和胶结度高的黑土，但由于人为活动的破坏以及自然因素的制约，使得黑土区的表层黑土厚度逐年减少、土壤侵蚀现象频繁发生（水利部等，2010）。已有研究表明，水力侵蚀是当前我国黑土区主要的土壤侵蚀类型（王计磊等，2018），而坡耕地作为黑土区水土流失的主要策源地，其水土流失面积占黑土区水土流失总面积的 46.39%（An et al.，2014；Ouyang et al.，2017），因此针对黑土区坡耕地的水力侵蚀研究可促进黑土地资源保护与可持续利用。

本研究关于黑土区的坡耕地水力侵蚀特征分析结果显示，研究区域的 CT‐5 处理最易产生坡面径流和土壤流失，而 NT‐7 处理有很好的水土保持作用。在观测期内（6—9 月），研究区域的降雨多数集中于 6 月下旬和 9 月下旬，此时地表作物覆盖度并非处于较高的状态，在此时期内极易产生地表径流及土壤流失现象，故坡度、降雨特征、耕作方式以及作物生长状况对于黑土区坡耕地的水力侵蚀有明显的影响。东北黑土区具备坡缓坡长的地形特征，可为雨滴冲击和地表径流的产生提供良好的下垫面，是导致黑土区坡耕地土壤侵蚀垂直分带的动力基础，已有多项研究指出坡度的增加会促进坡耕地坡面产流产沙的进程（李凤英等，2008；耿晓东等，2010；马波等，2013）。降雨是坡面水力侵蚀中最主要的因素和最根本的动力来源（李桂芳，2016），黑土区的降雨主要集中于每年 6—9 月，且多为高强度降雨，会从雨滴击溅作用和坡面径流冲刷作用两个方面影响坡耕地的水力侵蚀过程，由于降雨因素与坡面侵蚀之间的关系较为复杂，因此众多研究从降雨不同特性如降雨强度、降雨历时、降雨雨型等方面分析降雨对于坡耕地水力侵蚀的影响（孙飞达等，2007；乔治等，2012；郑粉莉等，2015），得到坡面径流量和土壤侵蚀量会随着降雨强度的增加而增加（李桂芳，2016）。同时随着降雨时间的不断增加，坡耕地地表径流系数与侵蚀速率会逐渐趋于稳定，且径流量与降雨强度之间呈现显著的正相关关系，而地表泥沙侵蚀量则在一定降雨强度范围内会呈现正相关关系（An et al.，2013）。除此之外，耕作活动和作物生长状况也会对坡耕地的水力侵蚀产生一定影响，当前黑土区较为常见的耕作方式为传统的顺坡垄作，会加剧坡耕地水力侵蚀导致的地表径流和土壤流失现象产生，针对这一现状大量学者通过研究指出，采取保护性耕作措施可有效缓解黑土区坡耕地水力侵蚀，减少坡面地表径流和土壤流失现象的发生（梁爱珍等，2022）。作物的生长状况也会影响坡耕地的水力侵蚀，当作物处于生长期时，其地表覆盖度较高，冠层可有效地对降雨进行缓冲，而此时的根系也对土壤产生较强的固持作用，在一定程度上可有效抑制坡耕地坡面径流及土壤侵蚀的产生（吴限，2015）。因此，本研究所得出的黑土区坡耕地水力侵蚀特征可为深入研究黑土区坡耕地水力侵蚀提供参考。

6.3.2 不同耕作措施下黑土区坡耕地水力侵蚀影响因素

6.3.2.1 坡度对坡耕地水力侵蚀的影响

地形因素作为影响坡面侵蚀不断发生发展的重要条件，主要以坡长、坡度以及坡型等因子来影响下垫面的形态特征，进而不断影响雨滴对于坡面的作用面积、回流面积以及径流冲刷等过程。在降雨的作用下，坡度会通过影响水分入渗量，一方面改变雨滴对于地面的打击角度，另一方面改变雨滴分散土壤颗粒的能力，进一步改变耕地表面的土壤流失状况，是影响坡耕地水力侵蚀的重要因素之一。已有研究表明耕地的坡度不同会从土壤入渗、坡面径流产生、坡面径流流速以及土壤稳定性等方面对耕地土壤流失产生影响（苏远逸等，2020）。王照润（2022）采用人工模拟降雨的方法在室内对不同坡度（3°、6°、9°、12°和15°）及坡长（1米、2米、3米、4米、5米、6米、7米和8米）的黄绵土进行降雨径流侵蚀的研究，分别从坡面水动力学特性、含沙量变化、产流过程、产沙过程以及水流挟沙能力五个方面进行深入剖析。在坡面降雨径流侵蚀水动力学特性方面，该研究发现坡面流的流速会随着坡度的不断增加而增加，如对于坡长为1米的实验槽，当坡度从3°分别增加到6°、9°、12°和15°时，其平均坡面流速会从0.018米/秒分别增加至0.102米/秒、0.110米/秒、0.135米/秒和0.147米/秒，即坡面平均流速会随着坡度的增加而呈现增加的趋势。这是由于当坡长一定时，在固定降雨强度条件下，坡面流速主要受到坡度的影响，随着坡度的不断增加，坡面流所受到的沿着坡面向下的合力会不断增加，使得坡面流的加速度不断增加，导致在单位时间内的流速也逐渐增大，同时随着坡度的增加，坡面水流的重力势能会增加，在水流向下流动的过程中，其重力势能逐渐转化为水流的动能，最终表现为坡面水流的流速加快。同时该实验发现，在相同坡长的条件下，坡面流阻力系数会随着坡度呈现先增加后减小的趋势，且在坡度为9°时坡面流的阻力系数达到最大值。由于坡面流的阻力系数反映的是下垫面因子对于水流阻力的影响程度，且与水力坡度、水深成正比，与水流速度成反比，因此在同一坡长的条件下，随着坡度不断增加，一方面坡面流的流速逐渐增加、产生的径流水深不断减少，但另一方面随着坡面受到降雨作用的面积减少，会使得坡面流的流速减小，进而导致其水深减小。受到以上两个因素的综合作用，使得该实验观测到坡面流的阻力系数随着坡度的不断增加而呈现波动的变化状态。而针对坡面径流剪切力，该实验发现不同坡长处理下的坡面径流剪切力均随着坡度的增加而呈现不断增加的趋势，其中当坡度由3°增加至15°后，1~8米坡长的坡面径流剪切力分别增加3.15、3.06、2.65、2.56、2.77、3.09、3.15、3.03倍，即在增加相同倍数的坡度后，不同坡长的坡面径流剪切力增幅不同。这是由于坡面径流剪切力的变化是由水力半径以及水力坡度两个方面共同反映，当坡面的坡长一定时，坡面径流的深度会随着坡度的增加而减小，同时水力坡度会随着坡度增加而增加，因此针对相同的坡面坡长，其径流剪切力的增加幅度与坡度的增加幅度并不相同。坡面径流含沙量方面，该实验发现对于同一坡长，坡面径流含沙量会随着坡度的增加而增加，当坡面坡度由3°增加至15°后，1～8米坡长的坡面径流含沙量分别增加2.06、2.47、2.65、3.28、3.34、2.17、1.88和1.73倍。这是由于对于一定的裸露地以及相同降雨条件，坡面坡度大小的变化是影响坡面径流含沙量的主要因子，坡度的存在使得整个坡面上土地的受力发生变化，且随着坡面坡度的不断增加，土壤颗粒受到固有重力的影响使得分散土粒逐渐向下坡移动，降低了坡面表面土壤的稳定性，导致土壤的抗蚀能力减弱。同时，随着坡面坡度的不断增加，导致坡面的水分入渗量逐渐减小，坡面地表径流量不断增加，与水平土层相比坡面土层的水流速更大，且其产生的侵蚀物质也会被及时冲走，更加有利于对坡面下层土的冲刷，但也有一些研究表明，当坡面的坡度在一定范围内时，坡面径流的含沙量随着坡度的增加而增大，但当坡度达到一个临界值时，坡面径流的含沙量会随着坡度的增加而逐渐减小（张会茹等，2011；吴松柏，2017）。因此，坡面径流的含沙量随着坡度的变化趋势目前还存在一定争议。

而针对不同坡度处理下坡面降雨径流产流及产沙的规律，该研究发现在设定同一坡长条件下，坡面产流速率会随着坡度的不断增加而呈现先增加后减小的趋势，且在坡度为12°时坡面产流速率达到最大值，对于坡长为1～8米的坡面径流产流速率峰值分别为0.72升/分、1.00升/分、1.30升/分、1.81升/分、2.31升/分、2.53升/分、2.72升/分以及2.83升/分，即随着坡面坡长的不断增加，坡面产流速率也呈现逐渐增加的趋势。由于该实验的降雨强度与降雨历时均相同，可得出该试验中坡面总径流量也随着坡面坡度的不断增加而增加。这是由于当坡长一定时，坡面坡度由 3°增加至 12°，坡面径流速度会逐渐增大，坡面水分入渗量会逐渐减小，导致坡面的产流量逐渐增加；当坡面坡度由 12°增加至 15°时，此时坡面坡长与降雨的条件均不变，坡面总径流量随着坡度的增加而减小。坡面径流量随着坡度变化而变化的过程较为复杂，有研究表明在降雨条件不变的情况下，坡面总径流量主要受到坡面土壤的入渗特性和承受降雨量的影响（张会茹，2009），因此坡面总径流量会受到土壤特性以及降雨等因素的影响，使得不同试验所测得的总径流量变化趋势存在一定差异，且随着坡度的变化坡面总径流量的变化结果也不相同（王茹，2013）。其中，张会茹等（2009）通过对 5°～25°的南方红壤坡面进行人工降雨试验，得出坡面总径流量会随着坡度的不断增加呈现逐渐减小的趋势；靳长兴（1996）的研究则认为在降雨条件一定的前提下，当坡度到达一定值时，坡面总径流量不会随着坡度的增加而发生改变；苏远逸等（2020）则对 9°～25°的黄土坡面进行了室内人工降雨试验，研究发现随着坡面坡度的不断增加，坡面的总径流量呈现先增加后减小的趋势，且在坡面坡度为 20°时该坡面总径流量达到最大值。同时王照润（2022）的试验研究了不同坡度下坡面的产沙规律，结果显示随着坡面坡度的不断增加，1～8 米坡长的坡面单宽输沙率均呈现先增加后减小的趋势，同时发现当坡面坡度为 12°时，坡面单宽输沙率的值为最大值；当坡面坡长小于 4 米时，坡面单宽输沙率的增加趋势较小，且具有较缓的变化趋势；当坡面坡长大于 4 米时，坡面单宽输沙率随着坡度波动较为显著，且坡面总产沙量与坡度的变化趋势也相同；该实验还发现坡面径流的平均单宽输沙率与坡面坡度以及坡面流量之间均呈现指数函数的关系，即随着坡面坡度以及坡面流量的不断增加，坡面单宽输沙率会呈现指数函数的增加趋势，同时坡面流量的指数大于坡面坡度的指数，说明在该试验条件下，坡面流量对于坡面平均单宽输沙率的影响大于坡面坡度的影响。

坡面的水流挟沙能力指的是在一定水力边界条件下，当水流处于平衡状态时所携带的泥沙数量，是确定在水流作用下泥沙是否发生分离或者沉积的控制因子，在某一个瞬间当水体中的泥沙数量与水流挟沙能力适应时，其中的泥沙才能够正常输移，此时河底处于动力平衡的状态，且不发生冲刷与淤积现象。在该试验中将含沙量增加率小于5%时作为相对稳定状态，发现坡面水流挟沙能力会随着坡度的不断增加而增加，且两者呈现幂函数的关系。出现这一结果的原因在于在一定的裸露地表和一致的降雨条件下，坡面坡度是直接影响坡面径流挟沙力的最主要因素，随着坡面坡度的不断增加，一方面坡面水流的势能逐渐增大，导致用于输移泥沙的能量不断增加；另一方面土壤颗粒的固有重力促进坡面表层分散土粒逐渐向下坡移动，进而降低了坡面土壤的稳定性，使得土壤抗蚀能力不断减弱（张晴雯等，2002），且坡面水层的流速也逐渐增加，能迅速地将侵蚀物质及时运移，有利于坡面下层土面的冲刷，导致水流的挟沙能力逐步增加。

本研究结果同样发现在耕作处理措施相同的条件下，坡度为7°的径流小区所产生的产流及输沙次数高于坡度为5°的径流小区。在相同降雨条件下，首先坡度的存在使得坡耕地坡面土地的受力作用发生变化，即随着坡度的增加，坡耕地坡面表层土壤的颗粒受到固有重力的影响，使得其土粒更易被分散，同时更易向下坡移动；其次，坡度的增加会降低坡耕地坡面土壤的稳定性，导致土壤抗蚀能力逐渐变弱；最后，坡度的增加使得坡面入渗能力减弱，导致地表径流增加，促进了坡面侵蚀物质的运移。因此，当坡度增加后，黑土区的坡耕地所产生的地表径流以及输沙事件会不断增加。

6.3.2.2 降雨对坡耕地水力侵蚀的影响

降雨是导致水力侵蚀发生的动力，可通过降雨雨型、强度、历时等因素影响水力侵蚀的发生与发展（An et al.，2013）。降雨对于水力侵蚀的影响较为直接，现阶段有大量学者针对降雨的不同特性进行研究，其中降雨雨型是土壤侵蚀研究过程中的热点之一。降雨雨型是指在次降雨的过程中随着降雨时间而发生变化的不同降雨强度的组合。降雨量相同或者相似的两场降雨，由于降雨雨型不同，在次降雨过程中其雨强组合和时间分布均不相同，也会导致降雨所引起的坡面侵蚀量有很大差异。当前关于降雨雨型对于坡面土壤侵蚀方面的研究主要有两种方式，一种集中于对天然降雨的观测资料进行统计描述，另一种通过人工模拟降雨的方式研究次降雨过程中坡面侵蚀特征的动态变化。相较于天然降雨观测资料整理，通过人工模拟降雨的方式可对坡面土壤侵蚀机理进行定量化的探究。温磊磊等（2012）通过采取野外原位人工模拟降雨试验，对四种降雨雨型进行模拟（均匀型降雨：强度为1.0毫米/分；峰值型降雨：强度分布为0.5～1.0～1.5毫米/分；延迟型降雨：强度分布为1.0～0.5～1.5毫米/分；减弱型降雨：强度分布为1.5～1.0～0.5毫米/分），且保证四种降雨雨型的次降雨平均降雨强度和总降雨量相同，进行降雨雨型对东北黑土区坡耕地的土壤侵蚀影响研究。该试验中将次降雨过程划分为起始阶段、中间阶段和结束阶段，最大降雨强度出现在次降雨过程的中间阶段的降雨雨型，可以作为峰值型降雨；最大降雨强度出现在次降雨过程的起始阶段的降雨雨型，可以作为减弱型降雨；最大降雨强度出现在次降雨过程的结束阶段的降雨雨型，可以作为延迟型降雨。该试验结果表明，在总降雨量一致的情况下，不同降雨雨型对于坡面径流以及侵蚀的影响存在差异，具体表现为不同降雨雨型条件下坡面径流总量顺序由大到小分别为延迟型降雨、减弱型降雨、均匀型降雨以及峰值型降雨，其中峰值型降雨降雨条件下的坡面径流总量为均匀型降雨的79.2%，延迟型降雨和减弱型降雨条件下的径流总量分别为均匀型降雨的1.15倍和1.12倍。相较于坡面总径流量，不同雨型条件对于坡面侵蚀总量的影响更为显著，不同降雨雨型条件下坡面侵蚀总量顺序由大到小分别为减弱型降雨、均匀型降雨、延迟型降雨以及峰值型降雨，其中减弱型降雨条件下的坡面侵蚀总量为均匀型降雨的1.03倍，峰值型降雨条件下的坡面侵蚀总量仅为均匀型降雨的38.5%。同时该试验还发现峰值型降雨条件下的坡面径流总量和侵蚀总量与延迟型降雨和减弱型降雨之间均呈现显著的差异性，且峰值型降雨条件下的坡面径流总量分别为延迟型降雨和减弱型降雨的68.9%和70.5%，峰值型降雨条件下的坡面侵蚀总量分别为延迟型降雨和减弱型降雨的50.9%和37.3%，说明减弱型降雨是造成东北黑土区夏季坡耕地土壤侵蚀严重程度最高的一种雨型。

除此之外，该研究还发现不同降雨雨型条件下，由于同一降雨强度在次降雨中所处的时序不同，导致不同雨型所产生的分段径流量以及其对次降雨总径流量的贡献率也不相同。其中，在峰值型降雨类型中起始阶段的降雨强度为0.5毫米/分，其径流贡献率仅为9.7%，而在延迟型降雨类型和减弱型降雨类型中的中间阶段和结束阶段的降雨强度也为0.5毫米/分，其径流贡献率分别为14.2%和14.3%，通过采取显著性检验分析，发现0.5毫米/分降雨强度出现在降雨雨型起始阶段时对总径流量所产生的贡献率与0.5毫米/分降雨强度出现在降雨雨型中间阶段和结束阶段时对总径流量所产生的贡献率之间均存在显著的差异性，且针对1.0毫米/分降雨强度和1.5毫米/分降雨强度条件下，该实验的结果也表现出相同的趋势，但经过统计分析发现并未表现出显著性差异。同时，该试验还发现当同一降雨强度（0.5毫米/分、1.0毫米/分和1.5毫米/分）出现在降雨雨型起始阶段时的径流贡献率要比出现在降雨雨型其他阶段小，分别为其他阶段的67.7%和97.6%，且当降雨强度越小时这种时序效应越明显；当同一降雨强度分布于降雨雨型中间阶段和结束阶段时，其对于总径流量所产生的贡献率并无显著性差异。产生这一现象的原因是当低降雨强度出现在降雨雨型的起始阶段时，此时的降雨能量较小，所产生的击溅物质较少，此时由于降雨而引起的土壤压实以及密闭作用和形成的土壤结皮也相对薄弱，导致坡面的水分入渗能力较强，因此对于坡面总径流量的贡献率较小；而当低降雨强度出现在降雨雨型的中间阶段和结束阶段时，一方面受前期降雨的影响，坡面土壤水分已经基本达到饱和状态，另一方面前期较高的降雨强度已经改变了土壤表面的微形态、土壤孔隙以及土壤结皮等性质，使得土壤入渗能力降低，进而增加了坡面径流量，最终提高了低降雨强度对坡面总径流量的贡献率，因此在天然降雨条件下，低降雨强度降雨出现在不同降雨雨型的末期相较于出现在中前期会产生更多的径流量，其对总径流量的贡献率也较高。而在不同降雨强度出现在降雨雨型不同阶段时所产生的坡面侵蚀量以及其对于坡面总侵蚀量的贡献率方面，该研究发现在次降雨过程中起始阶段的降雨强度对于坡面总侵蚀量的影响最明显。其中 0.5 毫米/分降雨强度出现在峰值型降雨类型中的起始阶段对坡面总侵蚀量的贡献率与 0.5 毫米/分降雨强度出现在延迟型降雨类型的中间阶段和减弱型降雨类型的结束阶段相比，均具有显著性差异。1.0 毫米/分降雨强度和 1.5 毫米/分降雨强度作为起始阶段的降雨强度时的贡献率与作为其他阶段的降雨强度时的贡献率相比也具有一定差异，但其差异性并未达到显著性水平。产生这一现象的原因是峰值型降雨类型中的起始阶段的降雨强度为 0.5 毫米/分，雨滴的能量较小，对土壤表面的打击力较弱，所造成的侵蚀量较小，因此对于总侵蚀量的贡献率仅为 0.51%，而在延迟型和减弱型降雨类型中，分别在中间阶段和结束阶段的雨强为 0.5 毫米/分，在经过前期较大降雨强度的降雨作用后，坡耕地坡面土壤含水量已基本饱和，此时的大多降雨将转化为径流对土壤进行侵蚀，且经过前期大量雨滴的拍击，坡面存在大量的松散破碎颗粒，能够为降雨中后期低降雨强度的降雨径流侵蚀提供充足的泥沙来源，因此 0.5 毫米/分降雨强度在延迟型和减弱型降雨中对于侵蚀的贡献率会增加，分别为峰值型降雨的 7.17 和 8.44 倍。而对于 1.0 毫米/分雨强和 1.5 毫米/分雨强，分别在延迟型和减弱型降雨中作为起始阶段雨强，其坡面侵蚀贡献率均比出现在中间阶段和结束阶段时的大，原因在于一方面在降雨初期坡耕地的坡面具有较丰富的土壤松散物质，当遇到能量较大的雨滴时，坡面的碎屑物质会受到击溅和剥蚀，使得这些碎屑物质发生迁移；另一方面经过雨滴的打击以及碎屑物质的迁移，土壤的孔隙容易形成密闭空间，进而减少土壤的入渗能力，增强了坡面径流的强度，提高了坡面径流的冲刷能力。结合上述雨型对坡面径流的影响分析，该研究发现降雨雨型对于坡耕地坡面土壤侵蚀的影响相较于径流而言影响更为显著，同时也更为复杂；除了与降雨强度和雨滴能量有关外，还与降雨前坡耕地的初始界面条件以及水土界面的时空变化特征有着密切的相关性。

该研究还针对降雨过程中不同雨型的径流强度与侵蚀强度随着降雨时而变化的过程进行了深入剖析，该研究发现均匀型降雨过程中，坡面径流的强度波动较小，在 37.2～43.2 毫米/时波动，且这个阶段内坡面土壤的水分入渗强度与坡面径流强度之间基本达到动态平衡的状态；而峰值型降雨、延迟型降雨和减弱型降雨过程中，其坡面径流强度的变化趋势与各雨型中不同降雨强度的变化趋势保持一致，即可根据不同雨型中降雨强度的变化分为三个阶段。第一阶段为降雨时长达 45～60 分钟，这一阶段选取不同雨型降雨的初始阶段中保持最稳定状态的 15 分钟，故在第一阶段各雨型降雨过程中径流强度的变化基本趋于稳定状态；第二阶段和第三阶段分别为降雨时长达到 60～75 分钟和 75～90 分钟，这两个阶段中各雨型降雨过程中的降雨强度变化所产生的坡面径流并未达到稳定状态，且径流强度表现出一定的波动性。其中，1.0 毫米/分降雨强度下，不同类型的降雨中只有峰值型降雨的平均径流强度小于均匀型降雨，且仅为均匀型降雨平均径流强度的 79.9%，然而延迟型降雨和减弱型降雨的平均径流强度与均匀型降雨的平均径流强度相差不大，分别为均匀型降雨平均径流强度的 1.01 倍和 1.03 倍。0.5 毫米/分降雨强度和 1.5 毫米/分降雨强度条件下，峰值型降雨的平均径流强度小于延迟型降雨和减弱型降雨，且分别为延迟型降雨和减弱型降雨的平均径流强度的 47.2%～78.6%。而针对不同雨型降雨对于坡耕地土壤侵蚀过程的影响，该研究发现峰值型降雨、延迟型降雨和减弱型降雨条件下的降雨过程中坡面侵蚀率变化趋势与径流强度变化趋势相同，即在降雨过程中根据降雨强度的分布可分为明显的三个阶段，但相较于径流强度变化过程，土壤侵蚀率的波动性更大。产生这种现象的原因：一方面在降雨过程中存在着坡面土壤的分离、搬运和沉积等相互作用，随着降雨时间的不断增加，三者相互作用逐渐达到平衡状态，但在未达到平衡状态前在不同的时段会表现出以不同作用力为主，进而导致坡面侵蚀率曲线产生一定波动；另一方面在降雨的后期，雨滴具备分散土壤大团聚体的能力，同时在土壤大团聚体被剥离的瞬间会导致相对较多的泥沙随着坡面径流而流失，进而导致坡面侵蚀率曲线的波动（于国强等，2009）。同时该试验发现相较于均匀型降雨条件下所产生的坡面侵蚀率，峰值型降雨过程中三种降雨强度条件下的坡面侵蚀率均低于均匀型降雨在 1.0 毫米/分降雨强度条件下的坡面侵蚀率，且三种降雨强度条件下的平均坡面侵蚀率仅为均匀型降雨的 38.9%。延迟型降雨类型和减弱型降雨类型在 1.5 毫米/分降雨强度条件下的坡面侵蚀率均大于均匀型降雨，而 1.0 毫米/分降雨强度条件下的坡面侵蚀率与均匀型降雨过程中产生的坡面侵蚀率相似，分别为均匀降雨的 90.9% 和 1.01 倍。峰值型降雨类型、延迟型降雨类型和减弱型降雨类型条件下的降雨过程中，当降雨强度为 1.5 毫米/分时，均发现此时的坡面侵蚀率会出现一个峰值，之后坡面侵蚀率逐步变小，且这种现象在延迟型降雨和减弱型降雨条件下的降雨过程中最为明显，但在降雨强度为 0.5 毫米/分和 1.0 毫米/分时，坡面侵蚀率并未出现这一变化。产生这一现象的原因：在试验过程中当降雨强度突然增加到 1.5 毫米/分时，降雨雨滴的打击力和坡面径流的搬运力均急剧增加，在短期的时间内对于在土壤表面已经处于平衡状态的结皮物质和相对稳定的大团聚体产生作用，使其被打击及分散，导致坡面可搬运碎屑物质增多，使得坡面侵蚀率增加，同时随着降雨的不断进行，坡面上新形成的结皮物质和水稳性团聚体会在土壤表层占据主导地位，不断促进土壤表层结构的完善，使得坡面侵蚀率逐渐趋于稳定的状态。

　　东北黑土区由于具备长缓坡的地形特点，当降雨量及降雨强度较大时，极易在坡地表面形成较大的坡面汇流，会对坡面土壤进行集中冲刷，从而导致进一步的坡面侵蚀（范昊明等，2004；阎百兴等，2008），因此关于降雨以及降雨所引起的汇流对黑土区坡耕地坡面土壤侵蚀的影响，也成为大量学者的研究方向。如姜义亮等（2017）通过设计不同的降雨强度（50 毫米/时和 100 毫米/时）和汇流速率（10 升/分和 20 升/分），利用模拟降雨及汇流试验，分析降雨和汇流对黑土区坡面侵蚀的影响。该研究结果发现当降雨强度为 50 毫米/时、坡面汇流速率为 10 升/分时，两个试验处理的坡面所产生的径流量差异并不显著，而对于两个试验处理的坡面侵蚀量以及径流的含沙浓度则有显著的差异性，且 10 升/分汇流速率试验条件下的坡面侵蚀量和径流含沙浓度分别为 50 毫米/时降雨强度试验下的 1.9% 和 2.6%。当降雨强度为 100 毫米/时、坡面汇流速率为 20 升/分时，两个试验处理的坡面径流量、侵蚀量以及径流含沙浓度均有显著差异，且 20 升/分汇流速率试验条件下的坡面径流量、侵蚀量和径流含沙浓度分别为 10 毫米/时降雨强度试验下的 80.1%、0.6% 和 0.9%。这一结果说明当降雨强度由 50 毫米/时增加到 100 毫米/时、坡面汇流速率由 10 升/分增加到 20 升/分时，降雨强度试验处理的侵蚀量增加了 6.1 倍，坡面汇流试验处理的侵蚀量增加了 3.2 倍，进而表明降雨强度对于坡面土壤侵蚀产沙的影响显著大于汇流作用。产生这一现象的原因：黑土中的土壤团聚体含量和黏粒含量较高，而坡面汇流作用的破坏力较弱，黑土中的土壤团粒结构不易被破坏和搬运。而在降雨过程中，雨滴对于土壤的快速湿润会使得土壤表面受到气爆作用的影响，极易破坏土壤的团粒结果，同时对于径流的紊动性也有增强作用，导致由于降雨而产生的径流对土壤的分散和搬运能力增加，若消除雨滴打击作用后，降雨所产生的径流对黑土区坡耕地土壤的侵蚀作用会显著降低。

除此之外，该研究还分别分析了降雨和坡面汇流因素对于黑土区坡面土壤侵蚀影响的贡献。研究发现，汇流速率保持不变时，当降雨强度增加 50 毫米/时时，降雨因子对于坡面总径流量以及坡面土壤侵蚀量的贡献率分别平均为 50.05％和 94.54％；当降雨强度增加 100 毫米/时时，降雨因子对于坡面总径流量以及坡面土壤侵蚀量的贡献率分别平均为 73.90％和 99.9％，且降雨强度的增加对于坡面土壤侵蚀量的贡献具有显著性。这一结果的原因：首先增加降雨强度后，雨滴的动能随之增加，对于土壤表面颗粒的分散以及输送作用加强，导致坡面土壤侵蚀量增加；其次除了雨滴击溅作用之外，降雨强度的增加会导致坡面表层的薄层径流紊动性增强，进而加大了坡面汇流对于土壤颗粒之间的扰动与摩擦作用，使得分散的坡面土壤颗粒更易被坡面汇流冲刷，最终导致降雨对于坡面侵蚀量的贡献率呈现显著性；最后由于降雨强度的增加，坡面侵蚀的方式已逐步从片蚀为主演变为细沟侵蚀为主的土壤侵蚀，更加反映出降雨强度使得坡面侵蚀量显著增加的结果。该试验所测定的数据表明，当降雨强度增加 50 毫米/时时，坡面水流的流速平均增加了 47.54％，而当降雨强度增加 100 毫米/时时，坡面水流的流速平均增加了 72.40％。这一结果结合已有的泥沙动力学理论可知，地表径流的挟沙能力与其流速的立方成正比，因此当增加降雨强度后，直接导致坡面的水流流速增加，进而导致坡面径流的冲刷能力增强，最终出现坡面侵蚀产沙量增加的结果。而保持降雨强度不变后，将坡面汇流速率增加 10 升/分，发现坡面汇流对于径流量和侵蚀量的贡献率分别为 28.64%～58.81% 和 17.24%～78.74%；将坡面汇流速率增加 20 升/分，发现坡面汇流对于径流量和侵蚀量的贡献率分别为 61.28%～72.12% 和 46.90%～89.94%，且坡面汇流速率也会对坡面侵蚀量的贡献呈现显著性。这一结果的原因：上坡汇流作为坡面不同侵蚀部位之间水流能量传递的媒介，其大小会对下坡的入渗速率和径流速率产生明显的影响，同时也会使得整个坡面侵蚀的方式发生改变，从开始的由片蚀为主的坡面侵蚀逐渐演变为以细沟侵蚀为主的坡面侵蚀，进而使得整个坡面的径流侵蚀和搬运能力明显增加，最终导致坡面的侵蚀量明显增加。该试验所测定的数据表明，当坡面汇流速率增加 10 升/分后，坡面水流的流速平均增加了 15.20%，而当坡面汇流速率增加 20 升/分后，坡面水流的流速平均增加了 28.21%。这一结果也反映出与上述降雨因子对于土壤侵蚀的贡献相似，在增加坡面汇流速率后，坡面的水流流速会逐步增大，导致坡面的径流冲刷能力增强，最终使坡面侵蚀的产沙量增加，因此对于黑土区的坡耕地土壤侵蚀进行研究时，还需考虑到坡面汇流的影响。

　　本研究所得结果表明，在 2016 年的观测期内共发生 14 次侵蚀性降雨事件，其中降雨强度大于 30 毫米/时的降雨出现了 3 次、降雨量超过 20 毫米的降雨出现了 5 次，降雨时间超过 3 小时的降雨出现了 10 次，且几乎所有的侵蚀性降雨事件均发生在六月和九月，这与已有关于黑土区水力侵蚀的研究相似。但由于黑土区的范围极广，不同的地域之间土壤性质存在一定的空间变异性，因此黑土区各地的侵蚀性降雨标准也不太一致，如高峰等（1989）通过统计分析认为，黑土区农田侵蚀性降雨的雨量基本标准为 8.9 毫米，一般雨量的标准为 11.6 毫米。而降雨与土壤侵蚀之间的关系，其实是雨滴到达地面以后与土壤表面发生作用的过程，其作用过程与机理的量化还需要更为微观的研究。

6.3.2.3 作物覆盖度对坡耕地水力侵蚀的影响

作物的冠层以及地表覆盖可通过截留降雨、增加入渗和减缓径流速度等方式保护农田的土壤，减少坡耕地的土壤侵蚀，因此不同的作物覆盖度对于土壤侵蚀的影响程度不同。已有研究表明，一定的作物覆盖可大幅减少农田的土壤流失，与裸地相比，有作物覆盖的农田，其产流量较少，产流时间也会相对延迟，作物对降低坡面的径流量和产沙量起到了积极的作用（Preiti et al.，2017）。农作物作为一类具备明显季节性的植物，生长周期较短，且多为一年生作物，因此农田地表无法保持长期被覆盖，其裸露时间较长；在农作物生长初期，由于植株矮小，其覆盖程度较低，相较于森林和草地，农田地表的枯枝落叶层也较少，因此这一时期降雨发生时，裸露的农田土壤极易受到水力侵蚀，其防蚀作用较弱（宋孝玉，2001；林青涛，2020）。

但相较于裸地，农田植被的覆盖度具有明显的防蚀作用。杨晓芬（2012）针对作物（玉米）的根系对坡耕地土壤侵蚀的影响开展研究，发现相较于裸地小区，玉米能够有效地减缓坡耕地地表径流的产生和泥沙输送的进行，同时发现在玉米整个生长季内，相较于裸地小区，可分别减少坡耕地地表径流和泥沙43.12％和56.56％，如果仅仅保留玉米的根系，则发现坡耕地小区的径流拦截率和泥沙拦截率可达到15.81％和46.72％（杨晓芬，2012）；马璠（2009）也对农田中所种植的不同农作物和农田地表径流及输沙量进行了研究，发现在农作物的生长前期，相较于同等条件的裸地试验区，种植玉米作物的农田地表产流量和产沙量减少11％和27％，种植大豆作物的农田地表产流量和产沙量减少7％和21％，种植谷子作物的农田地表产流量和产沙量减少2％和24％。而在农作物的生长后期，相较于同等条件的裸地试验区，种植玉米作物的农田地表产流量和产沙量减少42%和76%，种植大豆作物的农田地表产流量和产沙量减少38%和78%，种植谷子作物的农田地表产流量和产沙量减少43%和84%。不同的农田作物的冠层发育情况以及种植密度会产生不同的减流减沙效果，如农作物谷子虽然在生长前期其叶面积指数较低，冠层发育较弱，此时其冠层对于农田地表还未产生良好的覆盖作用，但相较于玉米和大豆，三种农作物对于农田产沙量的消减作用却相近，这是由于谷子的种植密度远高于玉米和大豆，因此在在谷子的生长前期，对于农田产沙量的消减作用与玉米和大豆相似。但在生长后期，谷子对于农田的减沙作用要高于玉米和大豆，因此合理密植作物，地上茂密的茎叶可为地表提供更有效的覆盖，同时在地下生成密集的根系网络，可起到更好的减流减沙作用。农田表面挟沙的地表径流遇到作物后，会被作物茎基部阻挡，导致泥沙随着径流挟沙能力的降低而部分沉积，即作物减沙作用高于减流作用。

坡耕地作为我国存在较广的一类耕地，在自然因素和人为因素的影响下，较平原耕地更易受到影响和破坏，但当前大部分农地仍然被农户以传统粗放的耕作方式经营，因此农作物的种植以及管理对于坡耕地土壤侵蚀的发生及发展有着重大影响（Lal et al.，2007）。彭琼等（2022）采用人工模拟降雨的方式，利用冬小麦不同的种植密度和生长期，模拟了耕地作物不同的覆盖度情况，研究了传统耕作方式下的坡耕地作物覆盖度对土壤侵蚀的定量影响。该研究在参考农田生产的实际情况后，设置了四个冬小麦的种植密度（150万株/公顷、250万株/公顷、350万株/公顷、450万株/公顷），通过作物的不同种植密度和生长期控制田间作物的覆盖度，整体趋势表现为在整个生长期内，随着种植密度的增加，作物的覆盖度呈现上升趋势，达到峰值后逐渐降低，试验以裸地小区作为对照。该研究发现不同种植密度的作物对于坡耕地的坡面产流有重要的影响，各种植作物的小区坡面径流量均小于裸地坡面，且随着作物的种植密度逐渐增加，发现坡面径流量整体均呈现先降后升的趋势，在小麦全生育期对照小区裸地的坡面平均径流深度为42.8毫米，而150万株/公顷种植密度的坡面平均径流深度为37.0毫米、250万株/公顷种植密度的坡面平均径流深度为32.9毫米、350万株/公顷种植密度的坡面平均径流深度为31.4毫米、450万株/公顷种植密度的坡面平均径流深度为32.8毫米，说明不同种植密度的作物对于坡面径流的减流效益不同，且150万株/公顷种植密度对坡面径流的削减作用最弱，相较于裸地仅减少了其径流量的14%，而350万株/公顷种植密度对坡面径流的削减作用最强，相较于裸地减少了其径流量的27%，说明在坡面上种植作物可在一定程度上对坡面径流产生削减作用。在小麦的发育期内，对照小区裸地的坡面平均径流深度为42.9毫米，而150万株/公顷种植密度的坡面平均径流深度为31.4毫米、250万株/公顷种植密度的坡面平均径流深度为24.4毫米、350万株/公顷种植密度的坡面平均径流深度为21.8毫米、450万株/公顷种植密度的坡面平均径流深度为22.5毫米，即相较于裸地小区，在发育期内150万株/公顷种植密度对坡面径流的削减作用最弱，相较于裸地仅减少了其径流量的27%，而350万株/公顷种植密度对于坡面径流的削减作用最强，相较于裸地减少了其径流量的49%。在小麦的成熟期内，对照小区裸地的坡面平均径流深度为42.3毫米，而150万株/公顷种植密度的坡面平均径流深度为36.2毫米、250万株/公顷种植密度的坡面平均径流深度为31.2毫米、350万株/公顷种植密度的坡面平均径流深度为29.3毫米、450万株/公顷种植密度的坡面平均径流深度为32.7毫米，即相较于裸地小区，在成熟期内150万株/公顷种植密度对坡面径流的削减作用最弱，相较于裸地仅减少了其径流量的14%，而350万株/公顷种植密度对于坡面径流的削减作用最强，相较于裸地减少了其径流量的31%，说明作物发育期的坡面径流减流效益要大于其成熟期的坡面径流减流效益。结合以上结果发现不同的作物种植密度在不同的生长阶段均会对坡面径流的产生及发展有抑制作用，可有效减少坡面径流量，且随着种植密度的增加其减流效益也随之提升，这是由于农作物的种植密度过小会导致其径流的截留作用弱，当种植密度增加后，作物在土壤耕层中的根系逐渐密集，同时农作物冠层对于坡面产流的抑制作用也加强，使得产流的时间变长，可有效增加降雨的入渗作用，减少地表径流，但当种植密度持续增加后，发现虽然农作物仍然具有一定的减流效益，但其作用却开始减弱，说明并非作物越密集其减流效益越好，存在一个临界值。

而农作物不同种植密度的产流差异会直接导致坡面的产沙特征存在差异，地表作物在拦截降雨的同时也会减缓土壤的流失量。该研究发现随着作物种植密度的增加，坡面侵蚀量呈现先降低后回升的趋势，其中在小麦全生育期对照小区裸地的坡面平均侵蚀模数为 10.1 吨/公顷，而 150 万株/公顷种植密度的坡面平均侵蚀模数为 8.5 吨/公顷、250 万株/公顷种植密度的坡面平均侵蚀模数为 7.5 吨/公顷、350 万株/公顷种植密度的坡面平均侵蚀模数为 6.9 吨/公顷、450 万株/公顷种植密度的坡面平均侵蚀模数为 7.1 吨/公顷，说明不同种植密度的作物对于坡面侵蚀的减沙效益不同，且 150 万株/公顷种植密度对坡面侵蚀的削减作用最弱，相较于裸地仅减少了其侵蚀量的 15%，而 350 万株/公顷种植密度对坡面侵蚀的削减作用最强，相较于裸地减少了其侵蚀量的 32%，说明坡耕地的作物可显著影响坡面的产沙情况。在小麦的发育期内，对照小区裸地的坡面平均侵蚀模数为 9.6 吨/公顷，而 150 万株/公顷种植密度的坡面平均侵蚀模数为 4.6 吨/公顷、250 万株/公顷种植密度的坡面平均侵蚀模数为 3.3 吨/公顷、350 万株/公顷种植密度的坡面平均侵蚀模数为 2.2 吨/公顷、450 万株/公顷种植密度的坡面平均侵蚀模数为 2.3 吨/公顷，即相较于裸地小区，150 万株/公顷种植密度对坡面侵蚀的削减作用最弱，相较于裸地仅减少了其侵蚀量的 52％，而 350 万株/公顷种植密度对坡面侵蚀的削减作用最强，相较于裸地减少了其侵蚀量的 77％。在小麦的成熟期内，对照小区裸地的坡面平均侵蚀模数为 10.4 吨/公顷，而 150 万株/公顷种植密度的坡面平均侵蚀模数为 6.7 吨/公顷、250 万株/公顷种植密度的坡面平均侵蚀模数为 4.7 吨/公顷、350 万株/公顷种植密度的坡面平均侵蚀模数为 3.9 吨/公顷、450 万株/公顷种植密度的坡面平均侵蚀模数为 4.8 吨/公顷，即相较于裸地小区，150 万株/公顷种植密度对坡面侵蚀的削减作用最弱，相较于裸地仅减少了其侵蚀量的 36％，而 350 万株/公顷种植密度对坡面侵蚀的削减作用最强，相较于裸地减少了其侵蚀量的 63％，说明作物发育期的坡面减沙效益要大于其成熟期的坡面减沙效益。结合以上结果，该研究发现当作物的种植密度越大时，在其进入生长旺盛阶段后其覆盖度越大，拦截泥沙的效果越好。而作物覆盖度对坡面地表径流以及坡面侵蚀的影响均达到显著水平，坡面地表径流量和侵蚀量与作物覆盖度之间的关系均呈现负指数函数关系，且作物对坡面的减沙效益大于其减流效益。同时作物对于坡耕地坡面的减沙或减流效果存在阈值，并非密度越高减沙或减流效果越好，因为种植密度过高会导致作物所需养分不足，从而使得作物的长势变差，进而导致其覆盖度相对下降，会导致其对坡耕地坡面径流以及泥沙的削减作用减弱。

已有大量研究证明农田作物的种类和覆盖度是影响作物对坡耕地农田水土流失防治的主要因素，但坡度也是影响作物坡面土壤侵蚀量的一个重要因素，Woodruff（1947）的研究发现，当坡耕地的坡度小于 8％ 时，一定量的作物覆盖可以对坡面侵蚀有显著的削减效果，而当坡度大于 16％ 时，由于径流冲刷的作用，作物覆盖的削减作用会显著降低，导致土壤侵蚀量仍然较高（Woodruff et al.，1948）。因此针对作物与坡度对于坡面径流及产沙的影响。马波等（2013）学者进行了系统研究，利用人工模拟降雨试验，对作物的不同生长阶段对坡面的产流产沙量、坡面产流过程、坡面产沙过程以及坡面径流产沙量的影响进行分析，结果显示，在玉米全生育期内坡面平均径流量为 37.65 升/米²，土壤流失量为 202.64 克/米²，径流含沙量为 4.91 克/升，分别为裸地坡面平均径流量、土壤流失量和径流含沙量的 76.20%、55.75% 和 69.45%，说明种植玉米作物可减少坡耕地地表径流的 23.80%，减少地表坡面土壤流失量的 44.25%，且玉米作物对于坡耕地的减沙效果要优于其蓄水效果。其次在玉米的不同生育期（幼苗期、拔节初期、拔节中期、拔节中后期、抽雄期、留茬期），其蓄水减沙的效果差异也较大，幼苗期对于坡面的产流及产沙影响最弱，而抽雄期对于坡面的产流及产沙影响最强，这是由于玉米幼苗期虽然植株较为矮小，对于地表的覆盖也较小，但相较于裸地而言，其可减少坡面约 20% 的泥沙量，具有较强的减沙能力，而玉米在抽雄期内对于地表的覆盖最好，植株的生长也最旺盛，相较于裸地，可减少坡面径流量的 43.23% 和减少坡面土壤流失量的 72.83%，分别为幼苗期的 5 倍和 4.3 倍。这一结果显示出玉米在抽雄期内具备较强的蓄水和拦截泥沙的能力，因此随着作物的不断生长，其对于坡面产流以及产沙的抑制作用会逐渐加强，坡耕地坡面的产流量以及产沙量均呈现出逐渐降低的趋势，进而导致坡面径流的含沙量也随着作物的生长逐渐降低。该研究针对玉米不同生长阶段对于坡面径流产生过程的观测发现，随着玉米的不断生长，其坡面开始产流所需的降雨量逐渐增加，一般情况下由于玉米冠层对于降雨的截留和分异作用，以及坡面土壤的入渗作用等，各处理小区坡面开始产流所需的降雨总量一般在 5 毫米以内，其中幼苗期坡面开始产流所需的降雨总量最小，为 0.73 毫米，抽雄期坡面开始产流所需的降雨总量最大，为 4.93 毫米，因此可发现在整个降雨的过程中，种植玉米的坡面其径流过程曲线均低于裸地小区，且玉米叶面积指数越高，其径流过程曲线越低。在玉米的幼苗期，其径流过程变化趋势与裸地最为接近，即曲线随着降雨的进行而持续波动较大，而抽雄期的径流过程曲线远远低于裸地，且其曲线的波动较为平缓，但整体来讲在玉米的不同生长阶段，其产流过程均为多峰曲线，在产流的初始阶段径流过程曲线均为快速上升阶段，随后增长趋势逐渐放缓，逐步接近稳定的产流状态。不同生长阶段的玉米对坡地产流的变化程度及持续时间存在一定的差异性，如在玉米的幼苗期，径流过程曲线的起点较高，与裸地相近，并在产流 10 分钟内曲线急剧上升并达到峰值，之后为波动较大的曲线，但各时段的径流强度均小于同等条件下的裸地处理。随着玉米的生长，径流过程曲线中产流急剧上升阶段所需的时间逐渐加长，同时其达到峰值的时间也逐渐推迟，并且曲线达到峰值后稳定径流阶段的持续时间也相应缩短。而在玉米的抽雄期，坡面径流过程曲线显示其从开始产流到达到平稳径流阶段的上升期时间为 35 分钟以上，且该曲线具有产流起点低、波动较小并且缓慢上升的特点，同时在曲线进入稳定的径流阶段后，其各时段的径流强度波动较小，相较玉米之前的生育期都更加稳定，这是由于玉米抽雄期是植株生长最旺盛的阶段，对于降雨的拦截以及阻滞作用最为显著，因此可有效降低坡面的径流量，并相应减缓径流曲线的波动幅度。

同样的，针对玉米不同生长阶段，该研究也发现其坡面产沙过程曲线均低于裸地的坡面产沙过程曲线，且玉米的生长越旺盛，该产沙过程曲线越低，但相较于上述坡面的产流过程，玉米坡面产沙过程的曲线波动及起伏较为平缓。其中在玉米的幼苗期、拔节初期和拔节中期，其对应的坡面产沙过程曲线波动较大，随着玉米的不断生长，其坡面产沙过程曲线的波动趋于平缓，特别是当玉米进入到拔节中后期之后，其坡面产沙过程曲线远远低于裸地以及其他玉米生长阶段的坡面产沙过程曲线，且此时的坡面产沙过程曲线最为平缓。同时该研究还发现玉米各生长阶段所对应的坡面产沙过程曲线也是多峰曲线，只是在玉米的拔节中后期和抽穗期阶段其坡面产沙过程曲线起伏变化较小，且波峰与波谷之间的差异呈现不显著状态，其他坡面产沙过程曲线的大致规律与以上的产流过程曲线的规律基本一致。当玉米在幼苗期时，其产沙过程曲线距离裸地产沙曲线较远，但与裸地的产沙过程曲线相似的是，其产沙过程曲线的起点值较高且在坡地产流开始后很短的时间内便达到坡面产沙值的峰值，随后曲线在波动中逐步接近稳定的产沙状态。这是由于玉米冠层的拦截以及阻滞作用和土壤入渗作用削弱了坡面径流的能量，进一步降低了地表径流的挟沙能力，进而使得坡面的产沙量大幅度降低。同时由于在玉米生长旺盛期内，坡面径流过程曲线表现出此时其径流过程变化较为平稳，导致坡面产沙过程的变化也相对平缓，说明在玉米的生长旺盛期内，减少坡面产沙量的同时也会对坡面产沙过程的波动性进行抑制，进而会提高其产沙过程的稳定性。而在玉米的不同生长阶段，其坡面径流含沙量的变化过程曲线会受控于相对应生长阶段的径流量以及产沙量，因此坡面径流含沙量的变化过程会综合反映坡面产流以及产沙两个方面的变化趋势。该研究发现在玉米拔节中期之前，各阶段的坡面径流含沙量变化曲线呈现出较大的波动性，这是由于在玉米拔节中期之前，坡面产流过程曲线的波动性较大，同时在拔节初期和幼苗期坡面的产沙过程曲线波动性较大，进而导致此时期的坡面径流含沙量的变化曲线存在较大的波动性。而在玉米拔节中后期和抽雄期的坡面产流过程变化曲线和坡面产沙过程变化曲线均表现出稳定性，因此研究发现在对应玉米的生长期内，其坡面径流含沙量的变化曲线也相对平缓。

除此之外，该研究还针对不同玉米生长期内不同坡度条件对坡面产流以及产沙的作用进行研究，发现随着玉米的不断生长，坡度对于坡面产流以及产沙量的促进作用会得到有效的抑制。研究发现在玉米幼苗期时，各坡度之间坡面的产流及产沙量差异较大，但随着玉米的生长，各坡度之间坡面的产流及产沙量差距逐渐缩小。在玉米幼苗期，坡度对于坡面产流及产沙量的变化贡献值最大，如坡度为 15°的坡耕地对坡面产流量和产沙量的贡献度分别可达到 0.81 和 0.91，说明在玉米植株较小时，其对于坡面的影响较弱，因此坡面的产流产沙量会受到坡度的影响更大，但随着玉米的生长，玉米植株对坡面的影响越来越大，特别是进入玉米的抽雄期后，玉米植株对坡面产流量的减少率相较于其幼苗期的 16.45% 增加到了 41.30%，且此时各坡度下的径流减少率保持均衡，说明随着玉米叶面积指数的不断增加，玉米植株对坡面产流以及产沙量的抑制作用不断加强，有效削减了坡度对坡面产流以及产沙量的促进作用。因此，该研究最终得出坡度和作物对于坡耕地的坡面产流以及产沙量的影响会呈现此消彼长的态势，对于坡耕地坡面水土流失的变化有重要作用，坡度对坡耕地坡面产流以及产沙的影响会随着作物的生长而逐渐减少，而作物对于坡耕地坡面产流以及产沙的影响会逐渐提高，最终随着作物的生长而成为影响坡面产流以及产沙量的主导力。

本研究所得结果与以上研究相似，发现作物覆盖度对于不同处理坡耕地小区的产流量及产沙量均有抑制作用，在相同的雨强、地形和土壤条件下，坡耕地坡面产沙的差异主要是由地上的植被覆盖度决定的，且随着地表农作物的覆盖度的增加，植被对地面的保护作用不断增强，可在拦截降雨的同时削弱雨滴动能，且冠层的遮蔽也可降低雨滴对于地表的击溅作用，进而减少坡面土壤的侵蚀量。如 2016 年 8 月属于研究区域内农作物的生长旺盛期，这一阶段虽然有强度较高的侵蚀性降雨事件发生，但相较于 6 月（作物发芽期）和 9 月（作物收获期），这一时期的侵蚀性降雨所产生的坡面地表径流量与输沙量均大幅度减少，甚至在免耕秸秆还田处理（NT-5 和 NT-7）下的坡耕地中并未发现坡面径流和土壤流失现象，因此，作物对于降雨的拦截和阻滞作用，可对坡耕地坡面径流的形成和发展以及土壤流失量产生较大的影响。

6.3.2.4　耕作措施对坡耕地水力侵蚀的影响

田间管理及耕作措施与坡耕地的土壤侵蚀有着密不可分的关系，耕作活动而引起的土壤再分布本身就是一种侵蚀过程，农业生产活动是当前导致耕地水土流失的重要原因（王占礼，2001）。针对耕作方式与土壤侵蚀之间的关系，国内外学者已进行了大量的研究，如 Osuji et al.（1980）通过在尼日利亚的田间对于犁耕、锄耕和免耕三种耕作措施进行试验，得出相较于犁耕而言，锄耕对土壤侵蚀造成的影响相对较轻，而免耕措施下土壤侵蚀强度最小的结果。Yan et al.（2021）对于长期轮作制度和休耕制度下的农田进行研究，分析了传统轮作制度对径流以及土壤养分流失的影响，得出长期轮作下所产生的年径流量明显高于休耕时产生的径流量的结果。Barton et al.（2004）对顺坡垄作种植和等高耕种两种种植方式进行研究，认为相较于原来的顺坡种植，等高耕种可降低 20% 的径流发生，土壤侵蚀强度降低了 42%，同时使得土壤侵蚀速率降低。García-Ruiz（2010）通过采取降雨模拟实验，对不同农作物弃耕对土壤侵蚀的影响进行了分析，结果表明对于弃耕的年限需要进行合理的规划和管控，并非所有的农作物都需要长期弃耕，以避免水土流失。

保护性耕作作为一种提高土壤质量和增加农作物产量的农业耕作方式，可最大限度地保留土壤覆盖物，进而改变地表微环境和下垫面条件。在保证降雨量、地形坡度、坡长、作物的种植方式和田间管理措施均相似的情况下，相较于顺坡耕作处理，等高耕作处理小区具备显著保持水土的效果，其中当种植作物为玉米时，相较于顺坡耕作，等高耕作的径流量减少了 73.95%，土壤侵蚀量减少了 87.92%。当种植作物为花生时，相较于顺坡耕作，等高耕作的径流量减少了 6.92%，土壤侵蚀量减少了 66.50%。当种植作物为青豆时，相较于顺坡耕作，等高耕作的径流量减少了 1.59%，土壤侵蚀量减少了 71.71%。这是由于等高耕作所使用的犁沟和存在的种植作物行均对径流有阻滞作用，同时还可有效提高雨水的入渗能力。而顺坡耕作相当于在坡面上给表面径流修筑跑道，使得坡面径流更易形成集中股流，引起顺坡而下的情况，最终加剧坡面水土流失现象。该研究还对免耕与翻耕两种耕作措施进行了对比，发现在降雨量、地形坡度均一致的情况下，相较于翻耕种植处理，免耕种植处理的试验小区径流量减少了40%，土壤侵蚀量减少了81.49%，说明在坡耕地采取免耕种植方法，可有效防治坡耕地的坡面径流和土壤流失，这是由于一方面免耕种植处理下的土壤基本不发生搅动或者很少发生搅动，使得耕层土壤的结构能够免受破坏；另一方面免耕种植处理下的农田地表有很多残茬秸秆的覆盖，可有效减少雨滴对于地表土壤的打击，同时还能阻滞坡面地表径流以及土壤侵蚀，可显著减少水土流失（李凤等，2000）。

保护性耕作的实施过程中，非常重要的一个环节是将作物的秸秆进行还田，在东北黑土区秸秆产量较为丰富，秸秆还田也可作为一项重要的水土保持措施，因此关于黑土区秸秆还田的科学研究众多，也导致在黑土区进行秸秆还田的方式逐渐呈现多元化的发展趋势，当前主要包括秸秆覆盖还田、秸秆深还、秸秆碎混还田、堆沤还田、焚烧还田和过腹还田等（高洪军等，2019）。同时也有研究指出秸秆还田一方面可有效调节农田的地表径流、防治土壤流失，另一方面可促进土壤中团聚体的形成，通过改善土壤的物理结构和提高土壤肥力，增加土壤的抗蚀性，遏制黑土的退化作用，并最终改善土壤和生态环境（汪军等，2010；杨青森等，2011）。贺云锋等（2020）基于野外坡耕地，利用人工模拟降雨试验，以传统顺坡垄作为对照，分析秸秆碎混处理（将径流小区内50%的秸秆进行机械性粉碎后与15～25厘米土层进行均匀混合，之后将径流小区填平并起垄，最后将剩余50%秸秆直接覆盖还田）、秸秆深还处理（将径流小区全部秸秆机械性粉碎后与25～35厘米土层的土壤均匀混合，最后用表层土壤填平并起垄）和"免耕＋残茬覆盖"处理（径流小区在作物收获后不进行翻耕，同时将径流小区内所有秸秆均直接覆盖还田）这三种具有代表性的秸秆还田方式对坡耕地地表径流、土壤流失以及产流产沙过程的影响。结果发现随着降雨量的不断增加，不同试验处理下的径流小区其产流率均逐渐增大，其中在 50 毫米/时和 100 毫米/时降雨强度下，传统顺坡垄作处理径流小区的平均产流率分别为 4.40 升/（米²·时）和 9.76 升/（米²·时）；秸秆深还处理径流小区的平均产流率分别为 3.45 升/（米²·时）和 6.54 升/（米²·时）；秸秆碎混处理径流小区的平均产流率分别为 2.50 升/（米²·时）和 4.49 升/（米²·时）；"免耕＋残茬覆盖"处理径流小区的平均产流率分别为 1.94 升/（米²·时）和 3.51 升/（米²·时），可看出传统顺坡垄作处理径流小区的平均产流率最高，而在秸秆还田处理下秸秆深还径流小区的平均产流率最高，"免耕＋残茬覆盖"处理径流小区的平均产流率最低。产生这一结果的原因在于在径流小区进行"免耕＋残茬覆盖"处理一方面可增加土壤有机质，减少对于土层的扰动，有利于改善土壤结构，以增加土壤的抗蚀性，另一方面通过增加土壤表层的覆盖率，可减少雨滴对于地面的直接打击，使得土壤水分能够最大程度地入渗，其小区坡面的产流率最低。在径流小区进行秸秆碎混处理也可改善土壤结构，促进土壤团聚化，增加土壤团聚体含量，且由于此处理下 50％的秸秆在径流小区的 15～25 厘米土层还田，另外 50％的秸秆仍在小区土壤表层覆盖，可对雨滴的动能产生消减作用，故秸秆碎混处理也可明显影响土壤水分的入渗效率，产生较低的坡面产流率。而秸秆深还处理虽然可以有效改善土壤耕层的孔隙结构和水分状态，但由于其还田的深度为径流小区的 25～35 厘米土层，对径流小区受到次降雨时土壤水分入渗的影响不如"免耕＋残茬覆盖"处理和秸秆碎混处理强。因此在以上三种秸秆还田方式下，秸秆深还方式对于坡面产流率的影响最小，而"免耕＋残茬覆盖"具有最好的减流作用，说明秸秆还田可有助于调节坡耕地的地表径流，增加其土壤的蓄水能力。同样的秸秆还田处理还能有效延长坡耕地坡面径流汇集的时间，该研究发现在 50 毫米/时和 100 毫米/时降雨强度下，相较于传统顺坡垄作处理径流小区的坡面径流汇集时间，"免耕＋残茬覆盖"处理径流小区的坡面产流时间分别延长 20.1 分和 7.2 分；秸秆碎混处理径流小区的坡面产流时间分别延长 13.9 分和 4.8 分；秸秆深还处理径流小区的坡面产流时间分别延长 8.1 分和 2.4 分。可看出在秸秆还田处理下"免耕＋残茬覆盖"处理对径流小区的坡面产流时间延缓作用最明显，秸秆深还处理对径流小区的坡面产流时间延缓作用最弱。产生这一结果的原因："免耕＋残茬覆盖"处理是将秸秆全量覆盖还田，相较于将秸秆半量覆盖还田以及无覆盖还田处理，其减流效果更佳，即通过秸秆还田可使得坡耕地的土壤入渗及持水能力均增加，进而增加径流在坡耕地坡面的停留时间，产生产流时间滞后现象，是秸秆还田措施对于坡耕地水土保持效果的重要体现。同时该研究发现秸秆还田除了对坡面产流的大小和时间有明显调节作用外，秸秆还田对于坡耕地的坡面产沙率也有明显的抑制作用。该研究发现在传统顺坡垄作处理下，径流小区的产沙率随着降雨量的变化呈现先快速增加后逐渐减小并趋于相对稳定的趋势，这是由于在顺坡垄作处理下坡耕地的坡面呈裸露状态，在降雨初期坡面存在大量松散的碎屑物质，会被此时产生的坡面径流优先搬运，导致坡面中的产沙率迅速增加并达到峰值，之后随着降雨的持续进行，坡耕地坡面表层可供搬运的物质逐步减少，使得坡面的产沙率减小并逐渐趋于稳定状态。而在秸秆还田处理下的径流小区坡面产沙率明显低于传统顺坡垄作处理，并呈现比较稳定的变化趋势，但三种秸秆还田方式之间的坡耕地坡面产沙率随降雨量的变化趋势也具有一定的差异，其中"免耕＋残茬覆盖"处理下的径流小区坡面产沙率最低，秸秆深还处理下的径流小区坡面产沙率最高。这是由于在"免耕＋残茬覆盖"处理下的径流小区，对于降雨以及地表径流有最好的削减作用和调节作用，而秸秆深还处理下的径流小区由于秸秆还田的深度较深，且其坡面表面无秸秆的覆盖，对于地表径流的影响较小，但地表径流的水动力差异可直接影响其侵蚀能力和挟沙能力，因此秸秆还田措施在调节坡耕地坡面地表径流产生过程的同时，也可有效控制坡耕地坡面土壤的侵蚀过程。

除此之外，该研究还对三种秸秆还田方式处理下坡耕地小区径流量以及侵蚀量进行了定量研究，发现在 50 毫米/时和100 毫米/时降雨强度下，传统顺坡垄作处理径流小区的总径流量分别为 42.2 毫米和 44.5 毫米；秸秆深还处理径流小区的总径流量分别为 26.6 毫米和 28.2 毫米；秸秆碎混处理径流小区的总径流量分别为 18.1 毫米和 22.0 毫米；"免耕＋残茬覆盖"处理径流小区的总径流量分别为 14.1 毫米和 15.6 毫米，即在 50 毫米/时和100 毫米/时降雨强度下，传统顺坡垄作处理下的径流小区径流量分别为秸秆深还处理下的 1.6 倍和 1.6 倍，秸秆碎混处理下的 2.3 倍和2.0 倍，"免耕＋残茬覆盖"处理下的 3.0 倍和 2.9 倍。而在 50毫米/时和 100 毫米/时降雨强度下，传统顺坡垄作处理径流小区的总侵蚀量分别为 884.4 克/（米²·时）和 1 850.0 克/（米²·时）；秸秆深还处理径流小区的总侵蚀量分别为 113.6 克/（米²·时）和321.7 克/（米²·时）；秸秆碎混处理径流小区的总侵蚀量分别为77.8 克/（米²·时）和 197.4 克/（米²·时）；"免耕＋残茬覆盖"处理径流小区的总侵蚀量分别为 28.1 克/（米²·时）和 59.7 克/（米²·时），即在 50 毫米/时和 100 毫米/时降雨强度下，传统顺坡垄作处理下的径流小区侵蚀量分别为秸秆深还处理下的 7.8 倍和5.8 倍，秸秆碎混处理下的 11.4 倍和 9.4 倍，"免耕＋残茬覆盖"处理下的 31.5 倍和 31.0 倍。这一结果说明在不同的降雨强度下，相较于传统顺坡垄作处理，三种秸秆还田方式均可有效减少坡耕地坡面的径流量和侵蚀量，且对坡面侵蚀量的防治作用显著高于对坡面径流量的减缓作用。这是由于首先，在坡耕地地表覆盖的秸秆能够对雨滴的动能产生削减作用，地表秸秆覆盖率越高，这一削减作用越明显；其次，无论是覆盖于坡耕地地表的秸秆还是还于坡耕地地下的秸秆均能够有效调节地表径流，通过影响地表径流的流速，可以改变地表径流的侵蚀力以及挟沙能力；最后，三种秸秆还田措施均能够改变土壤的结构，对土壤的孔隙结构有明显的改善作用，可增加土壤水稳性团聚体的含量，使得土壤的抗蚀能力得到提升。此外，该研究还以坡耕地传统顺坡垄作处理为基准，对三种秸秆还田处理对坡耕地的减流效益和减沙效益进行分析，得到相较于传统顺坡垄作处理径流小区，在 50 毫米/时降雨强度下，"免耕＋残茬覆盖"处理径流小区的减流效益和减沙效益分别为 66.6％和 96.8％，秸秆碎混处理径流小区的减流效益和减沙效益分别为 57.1％和 91.2％，秸秆深还处理径流小区的减流效益和减沙效益分别为 37.0％和 87.2％；在 100 毫米/时降雨强度下，"免耕＋残茬覆盖"处理径流小区的减流效益和减沙效益分别为 64.9％和 96.8％，秸秆碎混处理径流小区的减流效益和减沙效益分别为 50.6％和 89.3％，秸秆深还处理径流小区的减流效益和减沙效益分别为 36.6％和 82.6％，说明在相同降雨强度下，三种秸秆还田处理中"免耕＋残茬覆盖"处理的秸秆还田方式对于坡耕地的减流效益和减沙效益最好，其次为秸秆碎混处理，秸秆深还处理的秸秆还田方式对于坡耕地的减流效益和减沙效益最差，同时也可看出三种秸秆还田方式对坡耕地的坡面减沙效益均高于其减流效益，这一结果与不同秸秆还田方式对坡耕地坡面的径流侵蚀能力和挟沙能力的不同影响有直接关系，说明当前在东北黑土区，"免耕＋残茬覆盖"处理的秸秆还田方式最为适用，其水土保持效果最好。

本研究所得结果与以上研究结果相似，发现在坡耕地采用传统顺坡垄作耕作方式会使得土壤在工具动力和重力的双重作用下，从其原位逐渐剥离，进而产生顺坡位移的情况，最终出现土壤侵蚀现象。而秸秆覆盖还田可从削减降雨动能、抑制坡耕地土壤表面的物理结皮发育、促进土壤表面降雨入渗、增加地表的随机粗糙度、降低坡耕地地表径流的流速、减少坡耕地坡面径流的挟沙力和剪切力等，对阻控坡耕地侵蚀起直接作用；同时秸秆覆盖还田通过秸秆的分解而驱动坡耕地土壤的理化性质得到改善、土壤有机质增加、土壤团聚体不断发育并增强其稳定性，对阻控坡耕地的侵蚀起到间接作用，为黑土地保护和可持续利用提供了有效的方案。

6.3.2.5　坡耕地水力侵蚀机理研究

坡耕地水力侵蚀的发生是降雨与其他因素相互作用的结果，与坡耕地所处的地形因子、土壤因子、植被因子、耕作因子等均有密切关系，因此坡耕地水力侵蚀会受到自然因素和人为因素的共同影响，同时各因子间也会存在相互作用，如土地利用类型以及耕作措施对于坡耕地的植被覆盖、地表形态以及土壤性质等方面均会产生影响。为探析坡度、植被覆盖、降雨对坡耕地水力侵蚀的影响机理，本研究分别从年度侵蚀事件和单次侵蚀事件两个尺度对 2016年坡耕地小区水力侵蚀情况进行深入分析。本研究区的侵蚀类型属于坡面侵蚀，与降雨、地形、植被和土壤等诸多因素有关。降雨作为土壤侵蚀发生的原动力，与径流和侵蚀的产生有直接关系，主要通过降雨量、降雨强度以及降雨时间等指标影响土壤坡面侵蚀（Wischmeier et al.，1978）；地形能够决定地面物质与能量的形成和再分配，同样是影响水土流失的重要因子，主要通过坡长、坡度和坡型等因素影响土壤坡面侵蚀（Xu et al.，2009；范昊明等，2004）；植被可以通过其类型、覆盖度、枯枝落叶层和根系等方面改变降雨特性、土壤性质以及地表径流性质，进一步影响土壤坡面侵蚀（唐涛等，2008）；不同于以上所描述的外在因素，土壤是影响侵蚀发生的内在因素，其在各种外在因素均保持一致的情况下，主要通过土壤颗粒的组成和团聚体的相关特性决定土壤坡面侵蚀的程度。通过上一节和这一节的讨论可以得出免耕秸秆覆盖还田处理一方面通过还田秸秆的腐解作用增加土壤 0～10 厘米土层的养分（有机质、全氮、全磷和全钾）含量，进而增强土壤表层的土壤水稳性团聚体稳定性，改善土壤表层的三相比状况，增强土壤自身的抗蚀性；另一方面可以增加土壤的入渗性能，进而加强土壤的蓄水和渗水能力，最终达到减少地表径流和土壤侵蚀的效果。秸秆深翻埋还田处理通过改善土壤犁底层的结构及肥力状况，可以显著增强土壤入渗性能，并提供作物所需营养，加强作物根系发展，最终达到保土蓄水的效果。

为进一步评估黑土区坡耕地地表径流和土壤流失与降雨以及作物冠层之间的关系，本研究首先分别对径流数据、土壤流失数据和降雨数据进行回归分析，发现不同耕作和坡度处理下的地表径流量与降雨侵蚀力之间以及土壤流失量与降雨侵蚀力之间的回归模型均呈现显著性。在 NT-5 处理小区，地表径流量与降雨侵蚀力之间回归模型的决定系数为 0.58，土壤流失量与降雨侵蚀力之间回归模型的决定系数为 0.61；在 CT-5 处理小区，地表径流量与降雨侵蚀力之间回归模型的决定系数为 0.65，土壤流失量与降雨侵蚀力之间回归模型的决定系数为 0.62；在 NT-7 处理小区，地表径流量与降雨侵蚀力之间回归模型的决定系数为 0.60，土壤流失量与降雨侵蚀力之间回归模型的决定系数为 0.63；在 CT-7 处理小区，地表径流量与降雨侵蚀力之间回归模型的决定系数为 0.62，土壤流失量与降雨侵蚀力之间回归模型的决定系数为 0.79。以上分析说明，在同一坡度条件下，与秸秆覆盖还田处理相比，传统耕作处理下的坡耕地小区的地表径流量和土壤流失量更易被降雨侵蚀力解释。将作物冠层的覆盖度分别加入径流数据和降雨数据、土壤流失数据和降雨数据的回归方程后，发现不同耕作和坡度处理下的地表径流量与降雨侵蚀力之间以及土壤流失量与降雨侵蚀力之间的回归模型均呈现显著性。在NT-5处理小区，地表径流量、降雨侵蚀力、作物冠层覆盖度之间回归模型的决定系数为0.65，土壤流失量、降雨侵蚀力、作物冠层覆盖度之间回归模型的决定系数为0.68；在CT-5处理小区，地表径流量、降雨侵蚀力、作物冠层覆盖度之间回归模型的决定系数为0.74，土壤流失量、降雨侵蚀力、作物冠层覆盖度之间回归模型的决定系数为0.69；在NT-7处理小区，地表径流量、降雨侵蚀力、作物冠层覆盖度之间回归模型的决定系数为0.75，土壤流失量、降雨侵蚀力、作物冠层覆盖度之间回归模型的决定系数为0.71；在CT-7处理小区，地表径流量、降雨侵蚀力、作物冠层覆盖度之间回归模型的决定系数为0.78，土壤流失量、降雨侵蚀力、作物冠层覆盖度之间回归模型的决定系数为0.83。即加入作物冠层覆盖数据后，坡耕地小区地表径流量、降雨侵蚀力、作物冠层覆盖度之间回归模型的决定系数相较于地表径流量与降雨侵蚀力之间回归模型的决定系数增加19.2%；坡耕地小区土壤流失量、降雨侵蚀力、作物冠层覆盖度之间回归模型的决定系数相较于土壤流失量与降雨侵蚀力之间回归模型的决定系数增加10.2%。说明在加入作物冠层覆盖度后，对坡耕地小区的地表径流量和土壤流失量的产生有了更好的解释，即作物覆盖度是影响坡耕地地表径流量和土壤流失量的一个重要因素，同时在相同坡度的条件下，与传统耕作措施相比，秸秆覆盖还田措施条件下其地表径流量和土壤流失量对降雨侵蚀力和作物冠层的回归曲线的斜率更小，这一结果与Schwartz et al.（2010）和Zhang et al.（2011）的研究结果一致，认为在传统耕作处理下的地表径流量和土壤流失量要显著高于同等条件下的秸秆覆盖还田处理，是由于秸秆覆盖还田处理可大幅度增加坡耕地地表的粗糙度，为地表径流的移动增加地表障碍度，进而减缓由于地表径流而引起的土壤流失现象。除此之外从研究结果中还可以看出，降雨侵蚀力对坡耕地的地表径流和土壤流失有正向的促进作用，而作物覆盖度对坡耕地的地表径流和土壤流失有负向的抑制作用，这一结果与 Labrière et al.（2015）的研究结果类似。

为深入分析坡耕地小区水力侵蚀的机理，本研究选取 2016 年观测期内的三次侵蚀性降雨事件（6 月 24 日、8 月 6 日以及 9 月 23 日）进行坡耕地地表产流及产沙过程的分析（图 6-3）。本研究选取三个指标分析地表产流的过程，分别为降雨开始与地表开始产流之间的间隔时间（TSO）、地表开始产流与达到地表产流峰值（单位时间径流量最高）之间的间隔时间（TSP）以及地表开始产流与地表结束产流之间的时间间隔（TSE），结果发现在整个降雨的过程中，相同耕作处理条件下，坡度为 5° 的坡耕地地表径流量与土壤流失量均小于坡度为 7° 的坡耕地，与 Koulouri et al.（2007）、Danacova（2017）和 Sadeghi et al.（2018）的研究结果相似，即坡耕地中的平缓坡度会缓冲地表径流的动能，降低其对土壤表面颗粒的冲刷和运移能力，进而减少坡耕地土壤流失量。在这三次降雨事件中，研究结果发现 CT-5、NT-5、CT-7 和 NT-7 处理下的 TSO 和 TSP 均存在显著的差异，且与传统耕作处理相比，秸秆覆盖还田处理在相同的坡度下，需要更多的时间才能达到径流峰值。其中，相较于 6 月 24 日和 9 月 23 日的两次降雨事件，在 8 月 6 日的降雨事件中仅在 CT-7 处理下的坡耕地小区产生地表径流和土壤流失现象，原因在于虽然 8 月 6 日的降雨侵蚀力为341.9 兆焦·毫米/（公顷·时），但 8 月 6 日属于作物生长的旺盛期，此时 NT-5、CT-5、NT-7 和 CT-7 处理的作物冠层覆盖度较高，可以有效降低雨滴对土壤的溅蚀作用，减少坡耕地地表径流的产生，降低坡耕地土壤流失现象发生的概率。除此之外，本研究发现在三场降雨事件中传统耕作处理下的坡耕地地表径流量和土壤流失量均大于秸秆覆盖还田处理，传统耕作处理（顺坡垄作）是黑土区坡耕地应用最广泛的耕作方式，一方面会破坏土壤表层的物理性状，破坏土壤的结构；另一方面会增加土壤表面的可移动颗

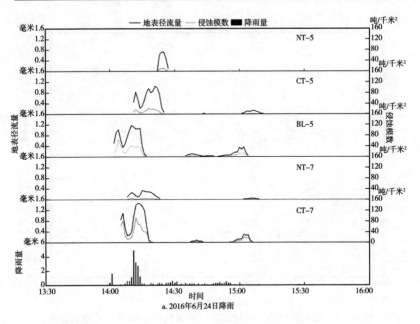

a. 2016年6月24日降雨

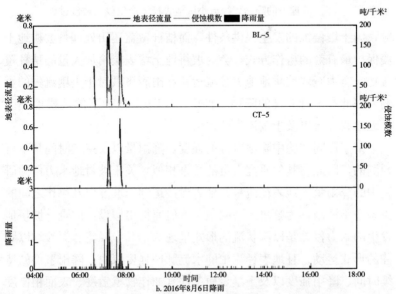

b. 2016年8月6日降雨

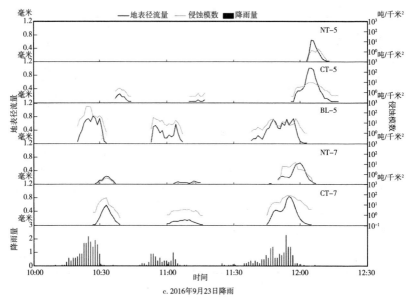

图 6-3 观测期内的三场侵蚀性降雨事件中不同耕作措施和坡度
处理下的降雨、径流小区地表径流产生以及输沙过程

粒，为土壤侵蚀的发生提供条件。而秸秆覆盖还田处理是坡耕地土壤保护最有效的耕作方式，会为坡耕地土壤表层增加大量的秸秆覆盖物，有力减弱坡耕地地表径流运移和雨滴飞溅对于土壤流失的影响，因此在 8 月 6 日的降雨事件中，NT-7 处理下的坡耕地小区并无地表径流以及土壤流失的现象。

由于田间实验中降雨事件的强度、降雨量以及持续时间是不可预测的，因此与其他研究人员的结果相似，关于坡耕地水力侵蚀研究中的降雨量、地表径流量、地表泥沙运动、坡度以及耕作之间的关系并不清晰，为解决这一问题，本研究提出假设，即野外坡耕地发生的水力侵蚀是以网状流的形式呈现的，其中径流和泥沙均以脉冲的形式运动，且地表径流中的水流脉冲强度取决于降雨事件的持续时间、降雨强度以及土壤表面条件（如作物覆盖度、表面粗糙度和降雨前土壤的湿度条件）。当降雨过程中，在坡耕地表面形成具备一定速度、可输送地表泥沙的水流时，会对坡面可移动泥沙进行搬运，但泥沙实际移动情况会由于泥沙的密度不同而呈现不同的运动轨迹。这是由于在坡耕地地表的可移动泥沙当中，具有一定比重的砂粒，其密度约为 2.7 克/厘米^3，只有当水流高度集中时，才能将其从土壤表面搬离；而在土壤表面还有一种可移动的土壤颗粒，即土壤团聚体，由于其密度低于 1.0 克/厘米^3，导致其易被较低流量的水流搬离土壤表面。本研究所提出的假说有两个支撑因素，首先沉积物的体积通常与质量成反比，如 1 克土壤团聚体的体积是 1 克土壤砂粒的 2～2.7 倍，同时由于土壤中存在阳离子交换（CEC），导致土壤团聚体的化学活性远远高于土壤砂粒；其次土壤团聚体和土壤砂粒在单次降雨过程中的物理相互作用对于定量预测地表径流运移过程中沉积物的运输量至关重要，如在一次高强度的降雨事件中，上一次降雨事件产生的脉冲土壤砂粒可能会妨碍此次降雨事件中其坡面附近的土壤团聚体向下坡面移动，最终影响由于此次侵蚀性降雨而形成的土壤流失量，导致实际观测的土壤流失量结果比预测的土壤流失量少。本试验通过对裸地小区进行观测以证实以上假设，图6-4为一次降雨后裸地小区的实际情况，从图中

图6-4　单次降雨后径流小区中裸地处理

可看到明显的地表径流运动轨迹和沉积带。每次降雨过后，坡耕地的上坡面和下坡面的沉积带中沉积物颜色不同，其中白色的为土壤砂粒，黑色的沉积物为土壤团聚体，在降雨过程中两种沉积物被地表径流运移，其运动轨迹有时重叠，有时会分开。因此在降雨过程中坡耕地的沉积物并非只有一种，在后续关于野外坡耕地的水力侵蚀实地观测实验中，需更多关注坡耕地产沙过程中沉积物的体积以及质量，以此来准确识别沉积物。

6.4　小结

综上研究结果表明，免耕秸秆覆盖还田处理小区由于土壤表层秸秆的截留作用可有效改善土壤的入渗能力，在 2015 年和 2016 年观测期内相较于传统耕作处理小区，能有效减少径流次数、径流量、输沙次数以及侵蚀量。传统耕作处理小区所产生的径流量和侵蚀量与作物的生育期、降雨强度和降雨分布有直接关系；在作物播种期由于土壤结构较好，不易产生地表径流和土壤侵蚀；在作物苗期由于土壤结构变差且无作物的影响，极易产生地表径流和土壤侵蚀；在作物生长旺盛期由于作物可截留降雨且能改善土壤结构，不易产生地表径流和土壤侵蚀；在作物成熟期由于作物的作用减弱且土壤结构变差，也容易产生地表径流和土壤侵蚀。秸秆深翻埋还田处理小区由于能够改善犁底层的土壤结构并增强土壤蓄水及入渗能力，相对于传统耕作处理同样能够有效地减少径流次数、径流量、输沙次数以及侵蚀量。无论是长期田间观测数据还是单次降雨事件观测结果，秸秆覆盖还田处理下坡度为 5°的坡耕地小区（NT-5）地表径流量和土壤流失量均最小，这是由于秸秆覆盖和作物冠层对 NT-5 处理下的坡耕地地表径流运移和雨滴飞溅有削弱作用。降雨对坡耕地表面的作用强烈，主要表现在两个方面：一方面以径流的形式迅速离开地块；另一方面通过入渗作用迅速渗透到土壤中。

而坡耕地地表的沉积物则以脉冲的方式进行移动，因此会导致不同处理方式下坡耕地的土壤流失量存在显著差异。综上所述，根据本研究结果，建议在东北黑土区坡耕地采取秸秆覆盖还田的耕作方式，减少当前水力侵蚀对黑土区坡耕地土壤质量的影响。

第 7 章 秸秆还田对黑土区农田风力侵蚀的影响

7.1 材料与方法

7.1.1 试验设计

同 2.2。

风力侵蚀主要包括三种运输形式：蠕移、跃移和悬移，需采取不同的田间测量方法收集可蚀性颗粒。其中直径为 0.5～1 毫米的大颗粒由于自身重力大，常采取地表滚动的运动方式进行移动，即蠕移；直径小于 0.1 毫米的小颗粒长时间悬浮于空气中，并且随风移动，一部分颗粒经过长时间悬浮后会缓慢下落，另一部分颗粒会由于不断添加的新颗粒产生的动力而以悬浮状态进行移动，即悬移；直径为 0.1～0.5 毫米的颗粒由于自身重力与风力相近，会在风的作用下在地表连续跳跃运动，即跃移（Cornelis，2006；Blanco H. et al.，2008；Avecilla et al.，2018）。基于现有国内外学者关于风蚀可蚀性颗粒收集的研究，本试验选择了一套课题组在以 BSNE 收集器为基础，自行研发的风蚀颗粒收集系统，对黑土区农田风力侵蚀过程中三种传输形式（蠕移、跃移和悬移）中的土壤颗粒进行采集和测量。

风蚀颗粒收集系统主要由三个子系统组成（杨润城，2018）：收集悬移颗粒系统、收集跃移颗粒系统以及收集蠕移颗粒系统（图 7-1）。其中，收集悬移颗粒系统（图 7-1-A-1）包括一个圆柱状桶（高度为 0.2 米，直径为 0.16 米）、一根长度为 2 米的支撑杆，用于收集悬浮在空中最终沉积下来的颗粒。收集蠕移颗粒系统（图 7-1-A-2）包括一个圆柱状桶（高度为 0.2 米，直径为 0.16 米），且为提高收集精度，需保持桶口与地面水平（Bagnold，2012；Liu et al.，2014；Kang et al.，2017）。收集跃移颗粒系统（图 7-1-A-3）可收集距地表 5 个高度（0.2 米、0.5 米、1.0 米、1.5 米、2 米）的跃移颗粒，且其跃移颗粒收集器是基于 BSNE 收集器进行的研发，将 BSNE 收集器中的大孔筛网结构更新为反向百叶挡板结构，因为原有的大孔筛网结构为 60 目的筛网，极易导致已通过筛网沉积到沉积盘的颗粒随空气进入而从筛网中损失的情况，而本课题组使用的反向百叶挡板结构可有效减少已沉积到沉积盘内颗粒的损失（PAPER4）。同时跃移收集器的尾部装有尾翼，可始终随着风进行自由旋转，以保证取样器的入口始终面向风向的角度（图 7-1-B）。

　　本研究所选取的两种耕作方式的试验田均有三次风蚀测定的重复，即每个试验田内有三套风蚀颗粒收集系统，为避免由于风蚀而导致的长距离颗粒输送对收集结果的影响，各采集装置之间的间隔为 50 米，同时为了进一步分析土壤风蚀与环境因子的关系，在观测期内对采集装置附近的土壤含水量、降雨量以及风蚀物进行测定。

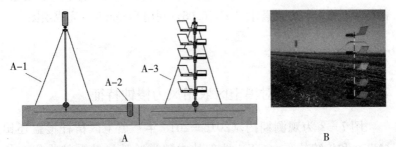

图 7-1　本研究采用的土壤风蚀物收集系统（A-1、A-2 和 A-3 分别针对通过悬移、蠕移和跃移传输方式而运移的土壤风蚀物收集子系统，B 为在农田安装的土壤风蚀收集系统）

7.1.2 研究方法

土壤含水量：铝盒法烘干法。在观测期内分别对传统耕作农田（CT）与秸秆覆盖免耕农田（NT）地表土壤含水量进行监测，在研究区集沙仪观测点位附近，对样地按 W 形取多点位采集地表土（0～2 厘米）至铝盒，带回至实验室监测地表土壤含水量变化情况。采用烘干法经烘箱烘干后测重，取平均值作为表层土壤含水量百分数。

降雨量及风速：由试验区域的气象站提供。

土壤侵蚀颗粒收集：本课题组研发的风蚀颗粒收集系统。

7.1.3 数据分析

本试验所有统计分析均使用 SPSS 16.0 软件进行分析。通过相关分析，评价采样器收集的侵蚀颗粒总量与降雨量、平均风速、最大风速和土壤含水量之间的相关性。使用 Tukey 多重比较对结果进行差异性分析，显著水平 $P \leqslant 0.05$，利用 Origin 9.0 完成绘图。试验数据采用 Microsoft Excel 2013 和 SPSS21.0 对土壤储水量、入渗速率、径流量和侵蚀量进行统计分析，利用 Pearson correlation coefficient 方法对水土保持功效指标与土壤物理及肥力因子的相关性进行多元素分析，显著水平 $P \leqslant 0.05$，利用 Origin 9.0 完成绘图。

7.2 结果与分析

7.2.1 秸秆还田对黑土区农田风力侵蚀特征

图 7-2 为观测期内（2016—2018 年）黑土区秸秆覆盖还田（NT）和传统耕作（CT）处理的农田试验地风蚀颗粒收集总量（包括通过蠕移、跃移和悬移三种传输方式所收集到的风蚀颗粒）。NT 和 CT 处理下的 2016 年蠕移量所占总风蚀颗粒的比例分别为

80.78％和 81.76％，跃移量所占总风蚀颗粒的比例分别为 18.89％
和 17.92％，悬移量所占总风蚀颗粒的比例分别为 0.33％和
0.32％；2017 年蠕移量所占总风蚀颗粒的比例分别为 80.37％和
85.42％，跃移量所占总风蚀颗粒的比例分别为 19.12％和
14.03％，悬移量所占总风蚀颗粒的比例分别为 0.51％和 0.55％；
2018 年蠕移量所占总风蚀颗粒的比例分别为 82.28％和 85.04％，
跃移量所占总风蚀颗粒的比例分别为 16.91％和 14.57％，悬移量
所占总风蚀颗粒的比例分别为 0.81％和 0.39％。综合三年数据得
到观测期内蠕移量所占总风蚀颗粒的比例的平均值分别为 81.15％
和 84.07％，跃移量所占总风蚀颗粒的比例的平均值分别为
18.30％和 15.51％，悬移量所占总风蚀颗粒的比例的平均值分别
为 0.55％和 0.42％。

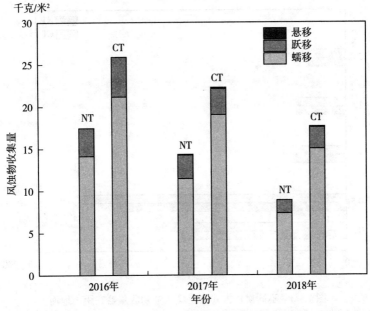

图 7-2　4 月 1 日至 6 月 1 日东北地区不同耕作方式下不同传输方式
（蠕移、跃移、悬移）的土壤风蚀物收集量（2016—2018 年）

　　图7-3为2017年观测期内黑土区秸秆覆盖还田（NT）和传统耕作（CT）处理的农田试验地不同高度（距地表高度为0.2米、0.5米、1.0米、1.5米和2.0米）收集到的跃移量。其中，距地表0.5米高度的跃移量最多，在NT和CT处理下分别收集到5.82千克/米²和6.93千克/米²的风蚀颗粒；第二为距地表0.2米高度收集到的跃移量，在NT和CT处理下分别收集到4.25千克/米²和4.76千克/米²的风蚀颗粒；第三为距地表1.0米高度收集到的跃移量，在NT和CT处理下分别收集到1.42千克/米²和1.63千克/米²的风蚀颗粒；第四为距地表1.5米高度收集到的跃移量，在NT和CT处理下分别在单位面积收集到1.28千克/米²和1.23千克/米²的风蚀颗粒；第五为距地表2.0米高度收集到的跃移量，在NT和CT处理下分别在单位面积收集到0.95千克/米²和1.09

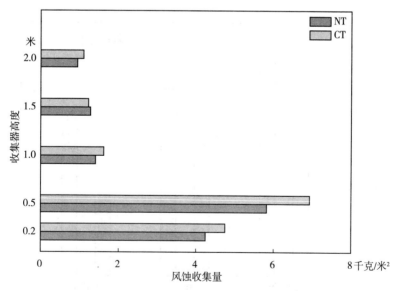

图7-3　不同耕作方式下土壤风蚀物收集器在距离地面
0.2米、0.5米、1.0米、1.5米和2.0米高度
上的收集总量（2017年4月1日—6月1日）

千克/米² 的风蚀颗粒。同时可以看出在距地表高度 0.5 米以上，采样器所收集到的由于跃移传输而形成的风蚀颗粒随着高度的增加而减少。

7.2.2　不同耕作措施下黑土区农田风力侵蚀影响因素

图 7-4 为 2017 年在试验地观测期内 CT 和 NT 耕作处理下对于农田风蚀情况以及环境因子的观测结果。2017 年观测期内（4 月—6 月）总降雨量为 40.6 毫米，最大风速范围为 6.4～23.1 米/秒，CT 和 NT 耕作处理下农田地表土壤含水量范围分别为 7.34%～28.29% 和 7.59%～29.47%。可看出，由于田间自然条件的不确定性，观测期内降雨量和最大风速的分布变化较大，田间地表土壤含水量会随着降雨量的增加而增加。当风速较大且地表土壤含

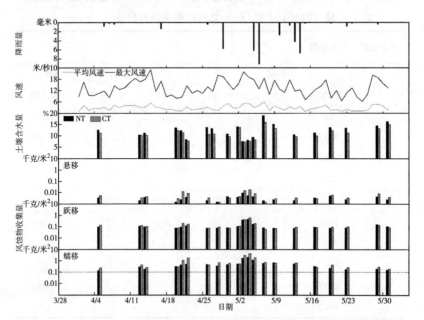

图 7-4　2017 年 4 月 1 日至 6 月 1 日不同耕作方式下的降雨量、平均风速、最大风速、土壤含水量以及不同传输方式下的土壤风蚀物收集量

水量较低时间段（如 2017 年 5 月 3 日—5 日），风蚀输沙量（蠕移、跃移和悬移三种运输方式的总和）较多；而在风速较低且土壤含水量较高的时间段（如 2017 年 5 月 5 日—6 日），风蚀输沙量较少。

表 7-1 为 CT 和 NT 耕作处理下试验地农田气象因子（降雨量、日平均风速和日最大风速）、表层土壤含水量以及风蚀输沙量之间的相关性分析。从表中发现风蚀输沙量与日平均风速和日最大风速均呈现显著的正相关关系；CT 处理下的风蚀输沙量相较于 NT 处理，与降雨量和表层土壤含水量之间的关系更强。

表 7-1 降雨量（RF，毫米）、平均风速（AWS，米/秒）、最大风速（MWS，米/秒）、土壤含水量（SWC，%）与土壤风蚀物收集量（TMC，千克/米²）之间的相关性分析

耕作处理	相关系数					
		TMC	RF	AWS	MWS	SWC
NT	TMC	1	0.164	0.416**	0.427**	−0.185
	RF		1	0.166	−0.115	0.523*
	AWS			1	0.537**	−0.061
	MWS				1	−0.298
	SWC					1
		TMC	RF	AWS	MWS	SWC
CT	TMC	1	0.198	0.382**	0.326**	−0.203
	RF		1	0.166	−0.115	0.591*
	AWS			1	0.537**	−0.054
	MWS				1	−0.296
	SWC					1

注：表中 * 代表显著性在 $P \leqslant 0.05$ 水平；** 代表显著性在 $P \leqslant 0.01$ 水平。

7.3　讨论

7.3.1　秸秆还田黑土区农田风力侵蚀特征

土壤风蚀是许多国家面临的全球性环境问题。风蚀对土壤颗粒的搬运和沉积直接影响土壤及其相关的农业活动，会造成严重的农业和环境问题（Katra et al.，2016；Yildiz et al.，2017）。土壤风蚀是一个非常复杂的过程，是地形、气候、地表土壤性状等多种因子综合作用的结果。土壤风蚀的过程一般可以分三个阶段，即土壤颗粒起动阶段、土壤颗粒输送阶段和土壤颗粒沉积阶段，因此只有当风作用于地表，且其作用力达到一定程度时，可诱导农田地表的土壤可蚀性颗粒进入气流中，且随风运移而形成风蚀现象。针对土壤可蚀性颗粒随风而运动的现象，有学者发现土壤可蚀性颗粒的起动与土壤颗粒的运动形式、受力机制以及下落颗粒和床面颗粒的作用方式等相关，同时研究表明土壤颗粒的起动也会影响土壤颗粒的输送和跃移物质之间的冲击强度（孙显科等，2001）。在土壤风蚀的过程中，农田表面土粒的起动风速是最为关键的因素，当风速到达起动风速时，土壤颗粒开始以滚动的方式前进，且有少量的土壤颗粒会跳离床面又很快落下，呈现出一种跳跃式的前进；随着风速的不断增加，以滚动和弹跳为运动形式的土壤颗粒越来越多，且此时出现部分土壤颗粒会随着风悬浮前进，有些颗粒的高度可以达到几十厘米（吴正，2003；赵小虎等，2008）。以上分析为土壤侵蚀过程中土壤颗粒运动三种形式（蠕移、跃移和悬移）的产生机理提供了支撑，而在已有的研究中发现，在风力的作用下，跃移一般是土壤颗粒运动三种形式中最主要的形式，同时以跃移为运动形式的土粒，在运动的过程中，极易对当地的环境造成严重损害（Bagnold，1941），该运动形式的土壤颗粒会受到向上的升力以及重力，当其落回到地面后，会使得更多的土壤颗粒产生分离和运动，最终形成一连串的跃移活动。

针对土壤风蚀运动形式的研究是判断农田地表侵蚀状况、分析土壤风蚀演变规律的重要依据,对农田风蚀监测与治理、区域生态环境建设等方面具有重要的指导意义。康永德等(2017)学者基于野外观测,对风沙流中跃移和蠕移的运动规律进行了研究,该研究通过收集研究区域 10 次天气过程的输沙量,并选取两组典型的天气过程作为研究对象,对实地风沙流的跃移量和蠕移量进行测定。结果发现跃移量与蠕移量的比值会随着风速的增加而减小,且当风速低于 8.5 米/秒时,跃移量与蠕移量的比值减小趋势较为明显;当风速高于 8.5 米/秒时,跃移量与蠕移量的比值变化趋势并不明显且趋于平衡,约为 8~10。同时该研究还发现当风速达到 6.9 米/秒时,总跃移量达到最大值;当风速达到 7.6 米/秒时,总蠕移量达到最大值;在相同的风速下随着总输沙量的增加,蠕移量和跃移量也会增加,但跃移量与蠕移量的比值却在减小,说明随着总输沙量的增加,蠕移百分含量及其输沙率在持续增加,而跃移的百分含量及其输沙率在不断减少。这是由于蠕移运动是可以间断的,而当风速持续增加时,风沙流对沙粒的搬运高度会持续增加,导致贴近地表的气流搬运的沙量相对减少,使得这部分风沙流一直处于不饱和的状态,最终结果为风沙流对地表的风蚀作用加强。而蠕移运动的作用力可以是风的迎面压力,也可以是跃移运动产生的冲击力,已有研究表明在跃移过程中高速运动的沙粒会冲击沙面,推动相当于自身直径 6 倍以及自身重量 200 倍的粗沙粒(刘芳等,2014),即总输沙量不断增加会导致沙粒之间的碰撞和冲击情况加剧,使得沙粒的搬运高度不断上升,因此在相同风速下不同天气的跃移量与蠕移量的比值会存在差异。

本研究关于黑土区的农田风力侵蚀特征分析结果也显示,在每年春耕期间,受风蚀和耕作的影响,大量的土壤颗粒会从耕地表面运输和流失,且在研究地发现东北黑土区农田风蚀的过程中,农田地表的主要风蚀方式为蠕移，这与 Zobeck（2003）的观点一致，其研究结果表明以蠕移的运动形式被搬运的土壤颗粒占总风蚀损失土壤颗粒的 40%。然而，也有一些研究表明，跃移是土壤风蚀的主要运输形式，并提出跃移可为蠕移和悬移这两种运动形式提供动力（Martin et al.，2017；Liu et al.，2019）。在自然环境下，三种土壤可蚀颗粒的运动模式之间可相互转变，每种模式都与可蚀颗粒的表面剪应力和其直径有关（Zhang et al.，2021）。蠕移是土壤风蚀过程中土壤颗粒的基本运动方式之一，是较大粒径的颗粒在气流作用下沿着地表以滚动的方式向前运动；悬移是微小粒径的沙粒长时间在空中保持悬浮状态，且随着风运动，由于重力的作用而缓慢下落，同时有新的颗粒不断补充，最终呈现出以悬浮的状态不断向前移动；而跃移是介于蠕移和悬移两种运动形式之间的一种运动形式，即土壤颗粒受到风力的作用，脱离地表并且连续跳跃。因此，在风速一定的前提下，土壤颗粒粒径的大小直接决定在风蚀过程中土壤颗粒的运动方式，且有研究表明在土壤风蚀过程中以悬移、跃移和蠕移作为运动形式的颗粒粒径分界点约为 100 微米和 500 微米（Fattahi et al.，2020）。已有的研究表明，大多数土壤可蚀颗粒在跳跃之前会经历蠕移运动（Jarrah et al.，2020；Swann et al.，2020）。随着颗粒蠕移运动的持续进行，会有更多的颗粒相互碰撞，导致一些可蚀颗粒的能量逐渐增加。当风速增加到一定程度后，土壤颗粒受到的向上的动力大于自身重力，导致一些颗粒发生跳跃运动（Andreotti et al.，2002；Pähtz et al.，2020）。同时，可蚀颗粒在风蚀过程中会不断撞击出一些细小颗粒，而这些颗粒在强风下会以悬浮的形式被吹走，最终落回陆地表面（Kheirabadi et al.，2018），这一部分颗粒的直径小于 100 微米。以悬浮形式进行运动的可蚀颗粒，会进行长距离输送和长时间悬浮，对这部分颗粒的监测和收集较复杂，导致对土壤风蚀过程中悬移运动形式的输沙率在研究中经常被忽视（Jarrah et al.，2020）。与大部分研究相似，在本书的结果中，也只在 2 米的高度观测到少量的经过悬移运动而最终沉淀的可蚀颗粒。

7.3.2 不同耕作措施下黑土区农田风力侵蚀影响因素

土壤风蚀的影响因素研究一直是国内外学者研究的焦点，现阶段得到普遍认同的说法是，对于土壤风蚀而言，可以看作是自然因素和人为因素相互作用的产物，且各影响因素的影响程度不同（Chepil et al.，1963）。邹学勇等（2014）基于风蚀的动力学模型框架，将影响土壤风蚀的各要素进行分类，分别归纳为风力侵蚀力、地表粗糙干扰力以及土壤抗侵蚀力三大影响因子，其中风力侵蚀力可反映农田地表以上空间的气流特征以及风对于表土所产生的侵蚀力，是产生土壤风蚀的原动力，主要包括风速、风向、湍流、空气密度、空气黏度等。地表粗糙干扰力可反映介于表土与气流之间粗糙元对风力侵蚀的干扰特性以及削弱程度，是阻碍土壤风蚀进行及发展的重要因子，主要包括植被或留茬覆盖程度、植被或留茬平均高度、田间平铺残余物覆盖程度、田间平铺残余物质量、田间土垄高度及间距、地形起伏、田间砾石覆盖程度、土块覆盖程度、田间土块尺寸以及空气动力学粗糙度等影响因素。土壤抗侵蚀力可反映土壤风蚀难易程度，主要包括土壤比重、土壤颗粒尺寸分布、土壤盐分质量含量、土壤有机质含量、土壤水分含量、土块密度、植物根系密度、土壤 pH 以及土壤结皮覆盖程度等。国内外学者已从不同的角度对影响土壤风蚀的因素进行了分析，并取得了一定进展，这为本研究的深入分析提供了理论基础和科学论据。

7.3.2.1 高度对黑土区农田风力侵蚀的影响

田间土壤受到土壤风蚀的影响，会形成风沙流结构，即田间可蚀性土壤颗粒在气流的输送下所形成的垂直分布以及变化规律，这一规律能够直接反映田间可蚀性土壤颗粒的运动方式。大量学者从不同的耕作方式处理对风蚀物含量、机械组成、风蚀物中所含碳氮养分等方面的垂直分布规律进行了研究，对于进一步了解并阐释风蚀形成过程进行了探讨。如李晓娜等（2022）通过采用野外监测结合市内分析的方法，对于研究区域的五种土地利用方式（葡萄地、欧李地、果桑地、玉米免耕地以及玉米翻耕地）在冬季休耕期（11月至次年 2 月）和春季备耕期（3～5 月）进行监测高度内（30 厘米、40 厘米、50 厘米、60 厘米、70 厘米）的土壤风蚀量、粒径及碳氮含量分布规律研究。该研究发现在冬季的休耕期，欧李地与玉米翻耕地这两种土地利用方式下的土壤风蚀物质量分数随着高度的不断增加均呈现出逐渐减少的趋势，其中在距地面 30 厘米处所收集到的风蚀物占总风蚀物的 30％以上，在距地面 40 厘米处所收集到的风蚀物占总风蚀物的 20％以上。而葡萄地、果桑地和玉米免耕地土地利用方式下的土壤风蚀物质量分数与高度变化之间并未发现相关规律，其中葡萄地土壤风蚀物质量分数在距地表 40 厘米处最高（达 23％），果桑地土壤风蚀物质量分数在距地表 60 厘米处最高（达 22％），玉米免耕地土壤风蚀物质量分数在距地表 40 厘米处最高（达 22％）。而在春季备耕期内，欧李地与玉米翻耕地这两种土地利用方式下的土壤风蚀物质量分数依旧表现为随高度增加而减少的趋势。葡萄地和玉米免耕地土地利用方式下的土壤风蚀物质量分数由于受到人为活动影响，整体表现为随高度的增加而不断减少的趋势。果桑地的土壤风蚀物质量分数与高度变化之间并未发现相关规律，且其土壤风蚀物质量分数在距地表 30 厘米处最高（达 22％）。产生这一现象的原因是春季备耕期存在一定的人为扰动，会促进地表的风沙活动，同时该时段内的风速较大，使得五种土地利用类型的输沙通量均较冬季休耕期有所增加。

除此之外，该研究还发现在冬季休耕期五种土地利用类型风蚀物的粒径范围均在 0～2 000 微米，而 85％以上的风蚀物粒径分布在 2～500 微米。五种土地利用类型风蚀物颗粒均在 100～250 微米的粒径范围内产生富集，其中玉米免耕地的富集比最高，玉米翻耕地的富集比最低。在春季备耕期五种土地利用类型风蚀物的粒径范围均在 0～1 000 微米，而 90％以上的风蚀物粒径分布在 2～250 微米，即五种土地利用类型下的土壤风蚀物粒径在冬季休耕期均大于春季备耕期。葡萄地、玉米免耕地以及玉米翻耕地的不同高度风蚀物在 2～250 微米内产生土壤颗粒的富集现象，欧李地的不同高度风蚀物在 50～250 微米内产生土壤颗粒的富集现象，果桑地的不同高度风蚀物在 2～100 微米内产生土壤颗粒的富集现象。产生这一现象的原因是风蚀物颗粒体的起跳速度和跃移轨迹会受到风速、人为干扰以及下垫面粗糙度等因素的影响，会表现出不同的规律。该试验发现五种土地利用类型下的土壤风蚀物粒径在冬季休耕期均大于春季备耕期正是由于在春季备耕期会存在大量的人为扰动，会将地表下层的土壤带至表层，进而对土壤表层的细颗粒进行补给，增加了土壤可蚀性颗粒的数量。而关于风蚀物中碳氮含量的特征，该试验发现在冬季休耕期内五种土地利用类型下的风蚀物氮含量为春季备耕期的 1.4～1.5 倍，碳含量为春季备耕期的 2.1～6.8 倍。其中在冬季休耕期欧李林地距地面 60 厘米处所收集到的风蚀物碳氮含量均最高，较距地面 30 厘米处收集到的风蚀物碳含量高56.0％、氮含量高 70.6％。果桑地距地面 30 厘米处收集到的风蚀物碳氮含量均最高，相较于其他高度碳含量增幅可达 4.6％～12.1％、氮含量增幅可达 12.5％～28.8％。葡萄地距地面 60 厘米处收集到的风蚀物碳氮含量均最高，为距地面 70 厘米处收集到的风蚀物碳含量的 1.1 倍、氮含量的 1.3 倍。玉米免耕地距地面 70厘米处收集到的风蚀物氮含量最高，为距地面 30 厘米处收集到的风蚀物氮含量的 1.7 倍，而距地面 50 厘米处收集到的风蚀物碳含量最高，为距地面 30 厘米处收集到的风蚀物碳含量的 1.4 倍。玉米翻耕地距地面 60 厘米处收集到的风蚀物碳氮含量均最高，为距地面 30 厘米处收集到的风蚀物碳含量的 1.7 倍、氮含量的 2.0 倍。在春季备耕期欧李林地收集到的风蚀物碳氮含量整体表现为随着高度的增加而不断增加的趋势；果桑地收集到的风蚀物氮含量整体表现为随着高度的增加而不断减少的趋势，而碳含量则随着高度增加无规律性的变化；葡萄地、玉米免耕地以及玉米翻耕地收集到的风蚀物碳氮含量随着高度增加均未呈现规律性的变化。产生这一结果的原因在于土壤风蚀物中的碳氮含量具备一定的时距效应，且土壤有机质及养分主要集中在细微的土壤颗粒中，一方面由于风蚀物中细微土壤颗粒的含量随着高度的增加会呈现不断增加的趋势，因此在收集到的土壤风蚀物中会发现其有机质及养分含量高于土壤表层，另一方面在土壤表层中碳氮含量较高的颗粒会最先被大风吹蚀，而随着风蚀的持续进行，土壤表层所富含的碳氮可蚀性颗粒逐渐减少（陈健等，2011）。

本研究结果也发现在不同高度（距地表 0.2 米、0.5 米、1.0 米、1.5 米和 2.0 米），受到跃移作用的影响而收集的土壤可蚀颗粒数量存在明显差异（图 7-3）。产生这一现象的原因是跃移作用下的可蚀颗粒垂直分布主要受风速和可蚀性颗粒数量两大因素影响（Yang et al.，2019）。在土壤表层存在大量可蚀性颗粒，同时表层土壤的粗糙度高，会减慢土壤表层风速，使风无法保持足够的动力将可蚀性颗粒带离农田表面。这与 Yang et al.（2019）的观点一致，该学者认为相对于其他高度，表层的高粗糙度值会显著降低风速，进而降低了可蚀性粒子被带离的可能性，导致近地表气流中可蚀性粒子相对于垂直廓线中的其他高度的含量较少。而可蚀性颗粒与气流之间复杂且微观的交换会随着高度的增加而增加（Tan et al.，2014）。目前研究领域内对于跃变层垂直剖面上的可蚀性粒子分布尚未达成共识。Li et al.（2008）在其研究中确定了可蚀颗粒的输运通量与砂粒直径从土壤表面到 20 厘米高度之间的关系。Li et al. 认为对于直径大于 355 微米的可蚀性颗粒，其颗粒质量会随高度的增加而呈现幂函数递减规律；而直径小于 355 微米的可蚀性颗粒，其颗粒质量会随高度的不断增加而呈现指数函数递减规律。

可蚀性粒子为了保持在跃层的垂直剖面上运动，需克服其自身的重力影响。Yang et al.（2019）则确定了可侵蚀性颗粒垂直剖面分布的转折点；Li et al.（2007）通过研究指出可蚀性颗粒的起动速度会随其大小的变化而发生变化，即在跃移层的风沙运动整体呈现波动状态；而笔者的研究结果与 Jia et al.（2015）的研究结果相似，即研究确定了黑土区土壤风蚀的风沙流中大部分的风蚀物均分布于风蚀高度 60 厘米以内。因此，在土壤风蚀的过程中，跃移层的风沙运动较为复杂。

7.3.2.2 耕作方式对黑土区农田风力侵蚀的影响

东北黑土区作为我国重要的商品粮供应地，近些年农业生产强度逐渐加大，而对于地表的保护措施却不够，使得土壤质地粗化的现象严重，同时由于东北黑土区在冬春季节大风天气频繁，风力较为强劲，导致其耕地表层土壤呈现干燥、疏松状态，极易产生强烈的风蚀作用，对于农业生产和生态环境的危害极大（Zhang et al.，2015）。现阶段，已有大量学者针对如何防治和减缓土壤风蚀进行研究，其中减少农田土壤的翻耕，同时增加农田地表的秸秆覆盖等保护性耕作措施被认为是一种最为有效且经济的防治途径（Yan et al.，2013）。李胜龙等（2019）以东北典型农田土壤为研究对象，结合野外的定点检测（集沙仪）和室内理化分析的方法，对研究区域两种耕作方式（垄作和免耕）和三种秸秆覆盖处理方式（无秸秆覆盖、秸秆留茬以及秸秆覆盖）下的土壤风蚀特征进行研究。其中，该研究区域的土壤类型为典型的黑土和风沙土，耕作类型中的覆盖还田措施是指在秋季农作物收割以后，将作物的秸秆和残茬保留于农田内；留茬措施是指在秋季农作物收割以后，将作物的秸秆全部移除，仅保留作物的直立残茬在田内；无覆盖措施是指在秋季农作物收割以后，将作物的秸秆全部移除，同时地表无明显的秸秆残留和留茬。该试验将两种耕作方式和三种秸秆覆盖处理方式进行组合，对黑土试验地采取四种处理方式，即垄作无覆盖处理、垄作留茬处理、免耕覆盖处理以及免耕留茬处理。该研究结果发现不同的耕作方式导致输沙量的收集情况呈现显著的差异性，且在同一高度垄作处理下收集的输沙量大于免耕处理下收集的输沙量，距地表0～40厘米高度内黑土垄作处理样点的输沙量平均为0.46～6.63克，是免耕处理样点输沙量的1.94～5.11倍，这是由于免耕处理对于农田表层土壤的破坏较少，同时也可以增加土壤的蓄水量。虽然伴随着风蚀的不断进行，会导致农田和草地的地表形成粗化层，但是免耕处理下的植物残茬会起到很好的保护作用，可有效降低风蚀对于地表土壤的影响，最终减少农田表层土壤的输沙量。而传统耕作处理需要对农田的土壤进行翻耕和筑垄，这一过程会对农田地表土壤产生极大的破坏，形成较多的破碎地表，提供更多的风蚀物，最终促进了风蚀强度的增加。同样，在相同的耕作条件下，地表覆盖方式的不同会导致输沙量的收集情况呈现显著的差异性，其中无覆盖处理的输沙量最高，留茬处理的输沙量次之，秸秆覆盖处理的输沙量最少，且距地表0～10厘米的高度内垄作无覆盖处理下收集到的输沙量是垄作留茬处理下输沙量的16.1～2.22倍，免耕留茬处理下收集到的输沙量是免耕覆盖处理下输沙量的2.72～4.63倍，因此相较于无覆盖和留茬处理，地表秸秆覆盖处理措施下所收集到的输沙量极低，说明地表秸秆覆盖处理可显著降低土壤风蚀作用。这是由于地表的作物残茬以及农作物的秸秆覆盖首先会对农田地表起到很好的保护作用，提高农田地表的空气动力学粗糙度，进而减弱风对于地表的风蚀作用；其次农作物残体还可有效降低土壤的蒸发作用，使得土壤的水分含量维持在一个较高的程度，增加土壤的紧实度，提高地表砂粒的起动风速，进而增加农田土壤表面的抗风蚀性；最后，秸秆残茬可在一定程度上增加土壤的水稳性团聚体含量，进而改善土壤的结构，减少农田表面的易蚀土壤颗粒。

除此之外，该研究还发现相对于田间表层的土壤，收集到的风蚀物组成及养分含量均有显著的差异，如风蚀物中所含砂粒的含量整体偏高，各样地所收集到的风蚀物中砂粒的含量为 44.46％～95.24％，为田间表层土壤中砂粒含量的 1.06～1.42 倍。黑土风蚀物中所含有机质的含量整体呈现随着离地面高度的增加而增加的趋势，且与田间表层土壤的有机质含量差异显著，在离地表 10 厘米处所收集的风蚀物中有机质含量为 39.07～47.46 克/千克，为土壤表层土壤有机质含量的 1.50～1.68 倍，而在距地表 20 厘米处所收集的风蚀物中有机质含量超出土壤表层有机质含量的 53.14％～97.50％。不同处理方式下所收集的黑土风蚀物中所含的全氮和全磷量整体均高于田间地表土壤的养分含量，垄作无覆盖处理下距地表 10 厘米和 20 厘米处所收集的风蚀物中全氮含量为 0.70～0.80 克/千克，比土壤表层全氮含量上升 29.63％～41.15％，免耕留茬处理方式下距地表 20 厘米处所收集的风蚀物中全氮含量为土壤表层全氮含量的 1.15 倍，同时垄作留茬处理下所收集风蚀物中的全磷含量约为土壤表层全磷含量的 2.8 倍，也整体较表层土壤高。产生这一结果的原因：在风蚀过程中，农田地表土壤颗粒的搬运现象和堆积现象比较明显，且大部分都为就地起沙，极易造成农田表层土壤及养分的损失。而东北黑土区的土壤富含有机质及养分，在每年的春季农耕期，东北地区的大风天气持续时间较长，一方面由于传统人为耕作而造成地表土壤疏松，会增加农田土壤可蚀性颗粒，进而造成土壤颗粒、有机质以及其他养分元素的大量流失；另一方面在风蚀的过程中，多数以跃移为主的土壤颗粒都会在其区域内被截留，而土壤颗粒的跃移运动会不断地对一些细小颗粒产生碰撞和击溅作用，使得这些细小颗粒在大风的作用下以悬移的形式被不断吹蚀，因此在风蚀物中会发现砂粒含量、有机质含量以及养分含量均高于土壤表层，说明风蚀作用会加剧土壤表层的养分损耗。而对于风蚀区，其土地生产力的恢复是一个非常缓慢的过程，为了缓解风蚀对东北黑土区的影响，该研究建议可通过免耕及地表留茬或者秸秆覆盖的方式来降低黑土区农田土壤的风蚀程度。赵宇浩等（2019）则利用风洞模拟实验对不同耕作方式下的农田表层土壤风蚀规律进行研究，该实验对研究区域内四种耕作方式（免耕、少耕、秋翻和深松）下的农田表层土壤风蚀情况进行了研究，分析各耕作方式对农田表层土壤风蚀的影响以及风沙运动规律。其中免耕是指研究区域农田不做任何翻耕处理；少耕是指在作物收获后一直到播种前保持土壤的状态，不进行搅动，但在作物播种前 1 周左右对农田进行旋耕整地 7.5～10.0 厘米；秋翻是指在每年作物秋收之后，对农田进行翻耕，翻动土层深度约为 20 厘米，而在春季继续进行旋耕 7.5～10 厘米；深松是指在作物秋收后，使用深松铲对农田进行翻耕 30 厘米处理，同时在次年春季继续进行旋耕整地。该研究结果表明当风洞实验中设定的风速小于 14 米/秒时，免耕、少耕、秋翻和深松处理下的土壤风蚀速率会随着风速的不断增加而缓慢增加；当风速不小于 14 米/秒时，少耕、秋翻和深松 3 种耕作处理下的土壤风蚀速率会随着风速增加而迅速增加，且当风速为 14 米/秒时，三种耕作方式下的土壤风蚀速率为深松＜秋翻＜少耕；当风速大于 18 米/秒时，少耕、秋翻和深松 3 种耕作处理下的土壤风蚀速率会随着风速的增加而呈现显著的迅速线性增加，且当风速为 22 米/秒时，三种耕作方式下的土壤风蚀速率为少耕＜秋翻＜深松；免耕措施下的土壤风蚀速率在风速不小于 14 米/秒时，其土壤风蚀速率的变化相对不明显，且与其他三种耕作方式相比，土壤风蚀速率的差距逐渐增大。产生这一结果的原因在于当风速小于 14 米/秒时，对于农田土壤而言处于低风速的微风蚀阶段；当风速不小于 14 米/秒时，对于少耕、秋翻和深松这三种耕作方式下的土壤而言，其风蚀速率会迅速增加且到后期变化曲线几乎重合，说明这三种耕作措施对农田土壤的结构会造成相似程度的破坏；而免耕措施在风速小于 14 米/秒时，其土壤风蚀速率明显低于其他的耕作方式，且随着风速的增加，其抗风蚀效果更加明显，说明免耕耕作方式对于土壤的扰动较小，可大幅度减缓土壤风蚀，并且对于当地农田土壤有显著的保护作用。

对农田采取保护性耕作一般是指通过调整耕作方式，以保持农田土壤的养分含量、减少农田土壤的水分消耗以及节约生产资源的一种综合性农业改良技术，也是控制农田风蚀沙化的主要措施之一，主要包括秸秆残茬覆盖、深松耕作、免耕、少耕以及晚耕等技术措施（王红元，2020；韩明会等，2021；丁冬，2021；姜保林，2021）。李银科等（2020）以传统耕作为对照，分别对不同的保护性耕作方式下（免耕不覆盖、免耕秸秆覆盖、立茬以及残茬压倒）田间的输沙量以及土壤物理性质的变化进行研究。其中传统的耕作处理是指在前茬作物收获之后，通过深耕灭茬、田地整平等措施进行处理，将秸秆全部移出农田；免耕不覆盖处理是指在前茬作物收获后，对农田进行免耕处理，且将作物秸秆全部移出农田；免耕秸秆覆盖处理是指在前茬作物收获后，对农田进行免耕处理，同时将秸秆切成 5 厘米长度并覆盖至田间地表；立茬处理是指在前茬作物收获后采取免耕处理，同时保留作物残茬高度为 20 厘米，且其余秸秆全部移出农田；残茬压倒处理是指在前茬作物收获后，进行免耕处理，且保留残茬高度为 20 厘米，将其压倒至地表，此外将其余秸秆全部移出农田。该研究利用集沙仪在田间进行了 3 年实测，发现相较于传统耕作处理，免耕不覆盖处理、免耕秸秆覆盖处理、立茬处理以及残茬压倒处理下的田间输沙量均显著减少，其中免耕不覆盖处理下的输沙量较传统耕作处理减少 17.4%～46.7%、免耕秸秆覆盖处理下的输沙量较传统耕作处理减少 21.7%～45.2%、立茬处理下的输沙量较传统耕作处理减少 24.7%～48.2%、残茬压倒处理下的输沙量较传统耕作处理减少 10.7%～42.4%，整体呈现为田间输沙减少量立茬处理＞免耕秸秆覆盖处理＞免耕不覆盖处理＞残茬压倒处理。同时该研究发现在经过免耕不覆盖处理、免耕秸秆覆盖处理、立茬处理以及残茬压倒处理后的农田，相较于传统耕作处理，其土壤<0.01 毫米的物理性黏粒含量并未发生显著性变化。但该研究发现随着实施保护性耕作措施的年限的不断增加，相较于传统耕作处理，免耕不覆盖处理、立茬处理和残茬压倒处理下的农田土壤<0.01 毫米分散性黏粒含量呈现显著下降的趋势，且立茬处理下田间土壤<0.01 毫米分散性黏粒含量下降最为显著，而免耕秸秆覆盖处理则未发现显著的变化。这一结果说明在农田土壤中<0.01 毫米物理性黏粒总含量变化不显著的情况下，<0.01 毫米分散性黏粒显著减少，说明这部分减少的分散性黏粒有一部分参与到了田间土壤团聚体的形成之中。因此，该研究认为保护性耕作处理下的田间土壤相较于传统耕作不易发生风蚀现象，原因在于保护性耕作处理中的作物残茬可截留一些风蚀物细粒，而作为胶结物质的粒径<0.01 毫米的物理性黏粒可参与到土壤团聚体的形成过程中，且随着<0.01 毫米的物理性黏粒含量增加，该区域所形成的土壤团聚体增加，会增强该区域的土壤抗风蚀能力，同时该研究发现在实施保护性耕作的过程中，分散性黏粒的含量逐步减少，这也反映出参与到土壤团聚化过程中的黏粒逐渐增加，进而促进了土壤微结构的改善，最终促进土壤大团聚体的形成，以缓解土壤风蚀所带来的影响。

本研究测得的结果显示，不同耕作方式对农业土壤风蚀程度的影响差异很大，与 Xiao et al.（2021）的研究结果一致，秸秆覆盖还田免耕措施下的农田输沙量显著小于传统耕作。Mozaffari et al.（2021）也得出进行传统耕作的农田风蚀情况比进行免耕耕作的农田更严重，且随着采取免耕处理的时间的增加，农田土壤的风蚀率呈下降趋势，农田的耕作处理方式是影响风蚀进一步发展的关键因素。秸秆覆盖还田免耕处理对表层土壤的破坏较小，田间的地表残茬和作物秸秆覆盖可对地表起到保护作用，同时改善地表空气动力学粗糙度，进而减弱农田的地表风蚀（Asensio et al.，2015；Wang et al.，2019）。除此之外，作物的秸秆可有效减缓土壤表面水分蒸发，并增加土壤的密实程度，有利于增加农田地表被侵蚀颗粒的起动风速，进而增强土壤表面对风蚀的抵抗力（Shojaei et al.，2019；Xiao et al.，2021）。而传统的耕作处理需要频繁地对农田表层进行耕作，并会在农田内形成山脊状的起伏地形，对农田的表层土壤破坏增加。因此，传统耕作处理可能会增加土壤表面的粗糙度，改变其气流场结构，并显著影响气流—土壤表面相互作用力的大小和分布（Yang et al.，2020；Carretta et al.，2021）。此外，耕作过程破坏的土壤表层可为风蚀提供更多可蚀的土壤颗粒，促进农田风蚀的发生，最终影响农田风蚀的结果（Labiadh，2017；Pi et al.，2021）。因此，耕作处理是影响农田风蚀的重要人为因素。东北黑土地区作为重要的商品粮生产基地，其产量是保障国家粮食安全的基础（Shen et al.，2020），由于耕作处理是影响作物产量的最重要因素之一（Wang et al.，2019a），课题组在本研究中还测量了秸秆覆盖还田免耕和传统耕作处理下的农作物年产量。其中，秸秆覆盖还田免耕处理和传统耕作处理下 2018 年玉米产量分别为 9 000 千克/公顷和 10 000 千克/公顷。从 2007 年进行秸秆覆盖还田实验开始，秸秆覆盖还田免耕处理下的作物产量一直低于传统耕作处理下的作物产量，这是由于在农田进行免耕处理的前期，土壤的结构并未产生显著的改变，相反由于不进行耕作处理，会导致土壤表层的孔隙度降低，进而影响土壤的微生物种群活动以及土壤养分转化，最终导致作物产量低于传统耕作处理。但课题组其他成员发现，经过 13 年的免耕处理，在东北黑土区的农田作物产量高于传统耕作处理（Guo et al.，2021），因此免耕处理所带来的水土保持效益需要经过长时间的观测，并且证实在东北黑土区免耕处理在提高作物产量的同时，可有效减弱土壤风蚀对农田的影响。

7.3.2.3　气象因素对黑土区农田风力侵蚀的影响

　　土壤风蚀的发生是一个较为复杂的过程，是地理、气候和表层土壤特性等因子共同作用的结果，其中已有研究表明土壤风蚀的发生会受到气温、降水、风速、太阳辐射等多种气象条件的促进或者抑制作用，且风速是影响土壤风蚀强度的最重要的驱动因子（江凌等，2015；张寒冰等，2019；邢丽珠等，2021）。针对风速对于土壤风蚀的影响，国内外学者已有充足的研究基础，如王仁德等（2015）通过采取长期野外观测结合室内风洞模拟试验的方法，开展了风速对不同地类土壤风蚀量的影响的研究，该试验主要包括野外观测试验和室内模拟试验，其中野外观测试验中设置三种地类（翻耕耙平地、翻耕不耙平地和莜麦留茬地）进行观测，室内模拟实验中设置三种地类（翻耕耙平地、翻耕不耙平地和莜麦留茬地）、6个梯度的风速（4米/秒、6米/秒、8米/秒、10米/秒、12米/秒）和6个梯度的持续时间（3分、5分、8分、10分、15分、20分）进行模拟。田间观测试验的结果指出，3种地类均呈现出农田输沙强度随风速的增加而显著增大的结果；在低风速时各类农田的输沙强度较小且呈现数据离散性较大的情况；随着风速的不断增加，各类农田输沙强度均会成倍增加。其中对于翻耕耙平地类的农田，在6～7米/秒风速下的平均输沙强度为2.49克/（米²·时），13～14米/秒风速下的平均输沙强度为64 747.14克/（米²·时），即13～14米/秒风速下的平均输沙强度为6～7米/秒风速下平均输沙强度的2.6万倍；对于翻耕不耙平地和莜麦留茬地，分别测得13～14米/秒风速下的平均输沙强度为6～7米/秒风速下平均输沙强度的3 275倍和4 997倍。因此，可发现在农田中发生一次大的风蚀事件产生的土壤风蚀量会超过多次小的风蚀事件产生的土壤风蚀量的总和，即大的风蚀事件是造成农田土壤风蚀的主要原因。除此之外，该试验还对不同地类的土壤输沙量与风速之间的关系进行曲线拟合，结果发现三种地类的土壤输沙强度随风速而变化的曲线遵循指数函数的相关系数均大于遵循幂函数的相关系数，即土壤输沙强度随着风速的变化整体表现为在低风速时会随着风速的增加而缓慢增加，当风速到达某一个临界值之后，土壤输沙强度会随着风速的增加而快速增加，与以往关于农田和草地地类中土壤输沙量与速度之间的研究相似（杨秀春等，2005；孙悦超等，2007），与沙漠地区所观测的土壤输沙量与速度之间的幂函数增长关系不同（王训明等，2001；Zhou et al.，2002）。

同时，该试验在室内风洞模拟的过程中，发现三种地类的土壤风蚀强度与风速之间的关系与野外观测试验所得结果相同，也呈现指数函数增大的趋势，且曲线遵循指数函数的相关系数均大于遵循幂函数的相关系数。产生这一现象的原因：不同地类的土壤具备不同的风蚀影响因子，即表土抗蚀性因子和地表粗糙因子。表土抗蚀性因子方面，第一，我国北方地区的农田以及草地的土壤中均含有一定量的不可蚀物，经过持续的土壤风蚀作用，农田地表形成粗化层，会阻碍土壤风蚀的进一步发展，而沙漠地表土壤颗粒几乎全部由可风蚀的风积物组成，很难在地表形成粗化层；第二，农田和草原地类的土壤中含有较高的有机质和黏粒，在地表易形成结皮，同样会显著提高这两种地类的土壤抗侵蚀能力，而沙漠土壤在经过长期的土壤风蚀筛选之后，主要是由不同粒级的沙粒组成，导致其土壤中含有较少的粉尘和黏粒，土壤结构性较差，不易形成具有抗风蚀作用的结皮。地表粗糙因子方面，草地和农田地类的土壤地表由于有植被或者作物残茬覆盖，提高了地表土壤的粗糙度，能够有效保护地面土壤，降低风蚀的作用，而沙漠地区的土壤缺乏相应保护，导致其土壤地表粗糙度较低，其抗侵蚀能力较差。不同地类的土壤表土抗蚀性因子和地表粗糙因子存在差异，导致不同地类的土壤风蚀强度不同，也导致不同地类土壤风蚀量随风蚀时间产生的变化存在差异（张春来等，1996）。对于农田地类和草地地类的土壤，随着风蚀的持续进行，土壤地表的可风蚀物会逐步减少，不可风蚀物会相应增加，导致地表形成粗化层，同时这两种地类的土壤表层还受到结皮、植被以及作物残茬的保护，使得土壤的风蚀强度不断降低；而对于沙漠地区的土壤，由于可风蚀物大量存在，加之缺乏结皮以及植被的保护，其土壤风蚀强度几乎不会随着风蚀的持续而降低。农田和草地地类的土壤在持续的风蚀过程中，在常规起沙风速下两种地类的土壤风蚀强度较低，只有在发生较大的风蚀事件时，一些土壤粗颗粒风蚀物才会被吹起，导致土壤风蚀强度剧烈增加，因此农田和草地地类的土壤风蚀量随着风速的变化整体呈现出低起沙风速时土壤风蚀量增加较缓，而在高起沙风速时快速增加的指数变化规律。沙漠地区的土壤地表由于其可风蚀物供应充足，受其他风蚀因子的干扰较弱，土壤风蚀量主要受到风的搬运能力的影响，因此沙漠地区的土壤风蚀强度随着风速的增加整体呈现幂函数的规律，变化相对平缓。该试验通过比较野外观测与室内风洞试验模拟发现，相较于野外观测试验，风洞模拟试验测定的土壤风蚀强度随风速变化的幅度小，这是由于一方面在风洞模拟试验中，土壤样品的表面积小，不能保证风沙流的充分发育，导致试验过程中提供的风蚀物有限，故在不同风速下测得土壤风蚀量之间的差距小于野外观测试验所得结果；另一方面在野外观测试验中所得到的风蚀量是通过上风向经过很长一段距离而得到的风蚀量的积累，大于风洞模拟试验中所收集的仅有样本面积大小风蚀区的风蚀量。因此，该试验通过野外田间观测试验和室内风洞模拟试验发现，农田土壤的风蚀强度随着风速的变化整体呈现出指数函数的变化趋势。

土壤风蚀除了受到风速的影响外，还会受到风中所含物质的影响，且风中所含物质不同对土壤风蚀的影响也具有差异。周海燕等（2013）利用室内风洞模拟试验，设置净风和挟沙风，对砂田、荒地和农田三种地类的土壤进行研究，其中风速设置为五个梯度（8.0 米/秒、10.0 米/秒、15.0 米/秒、20.0 米/秒、25.0 米/秒）。结果发现在净风的处理下，砂田、荒地和农田三种地类的土壤风蚀速率均随着风速的增加而增大，且在 8～10 米/秒的风速下原状砂田的土壤风蚀速率最低 [0.38 克/(米²·分)]、荒地的土壤风蚀速率最高［1.83 克/（米²·分）］）、原状农田的土壤风蚀速率在两者之间［1.59 克/（米²·分）］），发现在此风速下砂田的土壤风蚀速率分别为农田和荒地的 1/4 和 1/5。而当风速提高至 15～20 米/秒时，砂田和农田的土壤风蚀速率相近，约为同一风速下荒地土壤风蚀速率的 1/3。而当风速提高至 25 米/秒时，发现荒地的风蚀速率大幅度增加，且此时砂田的土壤风蚀速率分别约为同一风速下农田和荒地土壤风蚀速率的 2/3 和 1/4。产生这一现象的原因：砂田受到长期的风蚀以及雨雪作用，使得砂田中的大部分土壤颗粒已经被吹蚀，因此相较于农田和荒地地类的土壤，砂田地类的土壤风蚀程度较小。在挟砂田沙风的处理下，该研究发现砂田地类的土壤在风速为 8～10 米/秒时会发生风积的现象，风速为 15 米/秒时会产生侵蚀和积累相平衡的现象，风速为 20～25 米/秒时会发生逐步风蚀现象。荒地地类和农田地类的土壤均未出现风积现象，且在 8～25 米/秒风速下荒地地类的土壤风蚀速率随着风速的增加而增加；而对于农田地类的土壤，发现其在风速为 8 米/秒时的风蚀速率高于风速为 10 米/秒时的风蚀速率，在风速为 10～25 米/秒时其风蚀速率会随着风速的增加而逐渐增加。而在挟农田土风的处理下，该研究发现砂田地类的土壤在风速为 8～25 米/秒时均会产生风积现象，且风蚀速率会随着风速的增加而增加；荒地地类的土壤在风速为 8～20 米/秒时均会产生风积现象，在 25 米/秒的风速下则会产生大量的土壤风蚀；农田地类的土壤在各风速条件下均以风蚀现象为主，且土壤风蚀量随着风速的增加而增加。这是由于在研究区域砂田、农田和荒地是相间分布的，导致研究区域的气流中会携带一定量的砂土，使得沙粒会随着风进行流动，对地面产生持续且猛烈的撞击，进而对于地表的物质结构产生很大的破坏，使得其风蚀强度急剧增大，因此与净风风蚀相比，挟沙风蚀的风蚀强度会成倍增加（董光荣等，1987；邹学勇等，1994）。该试验中的挟砂田沙风含的土壤颗粒粒径较小，仅增加了农田地类土壤的风蚀强度，却使得砂田地类土壤产生风积作用；而挟农田土风中含大量农田土壤颗粒，使得砂田地类和荒地地类均产生了显著的风积现象，农田地类则是以风蚀现象为主，说明在研究区域砂田在防止土壤风蚀的同时，还具有风积作用，具备一定的风蚀平衡现象（邹学勇等，1994），因此该种土地利用方式适宜在该研究区域进行推广。

除了风速之外，其他气象因子也会对土壤风蚀产生一定影响，如杜军等（2009）对藏北地区的气象资料进行了分析，发现该地区的潜在蒸发量对土壤风蚀强度具有显著影响，且随着藏北地区的降水量不断增加，该地区的土壤风蚀发生率逐渐降低。而巩俐等（2020）则利用数理统计方法对五道梁气象站 2004—2019 年的土壤风蚀、气温、降水、相对湿度等材料进行分析，阐释了气象因子对该地区风蚀强度的影响。该研究结果发现风蚀强度与当地的降雨量之间呈负相关关系，即该地区的 11 月至第二年 4 月是一年中降雨量水平最低的一段时间，仅占全年总降雨量的 4.2%，而此时正是该地区土壤风蚀的多发期；同时在该地区的 3 月、4 月、5 月、9 月和 10 月的降雨量与风蚀强度之间呈现显著的相关性，其中夏季降雨量不断增加会导致风蚀强度明显降低。风蚀强度与气温之间呈现正相关关系，这是由于当温度升高后，会使得地表的蒸发量增加，导致土壤的干燥程度增加（冯玉玺等，2008），可为土壤风蚀强度的增强提供一定的气候背景。风蚀强度与该地区的相对湿度呈负相关关系，这是由于相对湿度与降雨情况息息相关，当试验地的相对湿度增加时，土壤表面的干燥度会减少，并增加土壤含水量，有助于降低土壤风蚀的进一步发展。因此，土壤风蚀以及其强度变化与该地区的气候因素有十分密切的联系，也证明风蚀是多种气候条件以及地理条件共同作用的综合结果（Zhang et al.，2019）。

本实验的结果也发现在 2017 年 5 月 4 日至 7 日和 2018 年 4 月 20 日至 25 日，这两个时段内笔者在研究区域收集到的农田可蚀颗粒数量随着风速的增加而增加，收集到的农田可蚀颗粒数量随着降雨的增加而减少，这与以上分析结果相似，并得到其他文献的证实，即风蚀积累的物质量与风速和降雨量密切相关（Pierre et al.，2018；de et al.，2019；Pi et al.，2021）。当风速大于土壤颗粒的动速度时，土壤颗粒开始移动（Bergametti et al.，2016）。

7.3.2.4 土壤含水量对黑土区农田风力侵蚀的影响

土壤含水量是直接反映土壤干湿程度的指标，也是影响风力搬运农田土壤颗粒的重要因素，这是由于土壤中存在的水分与土壤表面颗粒之间的张力会增强颗粒之间的内聚力，进而增强土壤颗粒的抗风蚀能力。关于土壤含水量与土壤颗粒抗风蚀能力之间的关系已被大量学者研究。肖巍强（2018）利用室内风洞试验，对不同含水量（0.7%、1%、1.3%、1.5%、1.8%和2%）条件下风沙土抵御风蚀情况进行了研究。该研究结果发现当风洞试验中的风速大于7米/秒时，实验土壤样品的风蚀模数与土壤含水量之间呈负相关关系。风速设定为9米/秒后，当土壤含水量为0.7%时，测得土壤风蚀模数约为105克/（米^2·分）；当土壤含水量为1.3%时，测得土壤风蚀模数约为25克/（米^2·分）；当土壤含水量为1.5%时，测得土壤风蚀模数降至为6克/（米^2·分）。同时，该研究还发现在不同的土壤含水量条件下，土壤风蚀模数的速率也不相同。1.5%的土壤含水量可作为该实验中土壤风蚀模数的分界点，当土壤含水量小于1.5%时，土壤风蚀模数会随着土壤含水量的增加而迅速下降；当土壤含水量大于1.5%时，土壤风蚀模数整体表现为很低，且土壤风蚀变得十分缓慢并逐渐趋于稳定。这是由于在田间土粒之间存在细小的连通孔隙即毛管，毛管中的液态水在土壤孔隙中水气界面表现为向下弯曲的面，其表面的张力与土壤水气界面相切，可使得液态水沿着土壤毛管空隙上升。当土壤颗粒表面的膜状水达到最大值后，土壤达到最大持水量，多余的水分会填充于土壤颗粒的细小孔隙之间，即形成毛管水。随着土壤含水量的不断增加，土壤颗粒之间的吸附力逐渐增加，可有效地与风对土壤颗粒产生的剪切力进行对抗。故在湿润的沉积物颗粒中，主要有两个方面的作用力加强湿润颗粒的抗风蚀性，一方面是由于颗粒之间孔隙中存在的毛管水的毛管力作用，使得在颗粒之间的接触点形成环状水和水楔；另一方面是由于土壤颗粒和液体接触时，液态水的内聚力小于颗粒对水的附着力，逐渐产生颗粒被"浸润"的现象，使得水分被吸附到颗粒表面，进而增加了湿润颗粒之间的内聚力。

除此之外，该研究还发现在风洞试验中，不同风速对不同土壤含水量下的土壤侵蚀模数也有显著影响，即不同风速对土壤抗风蚀性的影响在土壤含水量较低时表现得更为明显，但不同风速对土壤抗风蚀性的影响会随着土壤含水量的不断增加而降低，最终土壤风蚀呈现出稳定的状态，即在不同级别的风速条件下，土壤风蚀模数的降低程度不同。这是由于当风速较低时，空气质点的动能较小，土壤风蚀模数随着土壤含水量的增加而降低的程度较小，会导致土壤风蚀模数的降低速率较慢，呈现缓慢下降的趋势；而当风速较高时，随着土壤含水量的增加，土壤风蚀模数的降低程度较大，其降低速率较快，呈现迅速下降的趋势，进一步说明在风速较高的前提下土壤含水量对于降低土壤侵蚀性的影响要比在低风速下土壤含水量的影响更重要。同时，为了避免土壤风蚀现象的发生，颗粒之间由毛管作用和吸附作用产生的阻力以及湿润颗粒自身的重力和摩擦力需要大于风剪切力，即需要上述各作用力共同抵抗风蚀作用。但对于已经给定的土壤以及土壤含水量而言，其仅可抵抗一定的风力大小，当风力逐步增加直至超过该极限后，土壤的水分含量已经不能继续防止风蚀的产生。因此，随着水分的持续增加，土壤颗粒的抗风蚀力在逐步增强，整个土壤风蚀模数曲线逐步呈现低稳状态。该研究还发现，当风洞试验中的风速设定为 7 米/秒时，湿润的土壤风蚀模数与土壤含水量之间的拟合效果并不理想，即各数据点与拟合函数之间的差异较大，且在土壤含水量低于 1% 时，风蚀模数会随着土壤含水量的增加而呈现递减的趋势，主要是由于随着土壤水分的不断增加，水分会逐渐将毛管空隙充满，使得水分与土壤颗粒表面之间的接触面不断增大，进而水分与土壤颗粒表面之间的附着力也随之增加，导致湿润土壤颗粒之间的黏聚力不断增强，最终增加土壤颗粒的抗风蚀性。当土壤含水量高于1%时，在同样的风速条件下，土壤风蚀模数会随着土壤水分含量的增加而呈现出微弱的递增趋势，主要是由于在土壤含水量增加的同时，土壤颗粒的抗风蚀力也在增加。因此，要使得湿润的土壤颗粒在较高的土壤含水量下继续发生土壤风蚀的现象，需要继续增加风的剪切力，用以对抗湿润土壤土粒的抗风蚀力。但该研究发现当风洞试验中的风速设定为7米/秒时，土壤含水量为1%就达到了在该风速下土壤颗粒的风蚀极限，且当土壤含水量大于1%时，土壤颗粒的风蚀基本处于停止状态，但此时湿润的土壤颗粒之间的水分依旧存在损耗。即此时土壤颗粒很难再发生起动而使得土壤风蚀模数继续降低，但土壤毛管孔隙中的水分依然可以在外界较低风速的剪切力影响下，通过毛管孔隙的作用将土壤颗粒间的水分运移至土壤颗粒表层而逐步被蒸发损失，且这种水分损失会随着土壤含水率的增加而增加。因此，在风速低于某一土壤含水量的起动风速时，会发现土壤颗粒的风蚀基本停止，但土壤水分的损失还在继续，且水分越充足，土壤水分的损失量越大，最终呈现出土壤风蚀模数随着土壤水分含量的增加而微弱递增。

土壤水分相较于在一定时间内的大气运动状况、土壤类型、地表覆盖条件、地形起伏、农业实践等因素对于土壤侵蚀作用的恒定性，其具备一定的动态性和可变性，对于土壤的抗风蚀性具有关键影响，并且已有研究表明土壤水分可以增强土壤的抗侵蚀能力。在我国的北部与西部，由于当地的地表植被覆盖度较低、土壤表层颗粒较为分散、立地条件较差，加之当地城镇化不断扩张、存在不合理的放牧现象等一系列人类活动，使得该区域极易发生土壤风蚀现象。李斌鹏等（2022）以内蒙古荒漠草原为研究区域，以当地荒漠草原原状土为研究对象，通过风洞模拟试验研究土壤含水量对土壤风蚀特征的影响，定量评估内蒙古荒漠草原在不同的土壤含水量条件下的土壤风蚀规律。该研究连续三年对研究区域的春季、夏季以及秋季的土壤含水量进行调查，在风洞模拟实验中将土壤表层含水量设置为1.5%、2.5%和3.5%三个梯度，通过调节高速摄像机的几何放大倍数和微焦距，清晰获取土壤颗粒图像，同时将土壤颗粒脱离滚动状态时的瞬时速度定义为该实验土壤颗粒的起动风速。该研究发现土壤含水量能够显著影响土壤颗粒的起动风速，且三个不同土壤含水量梯度处理下的土壤颗粒起动风速之间的差异显著性（$P<0.05$）。随着土壤含水量的不断增加，土壤颗粒的起动风速呈现显著增加的趋势，当土壤含水量从1.5%增加至3.5%时，土壤颗粒的起动风速增加了1.13倍；土壤含水量对土壤颗粒起动风速的影响程度也与土壤初始含水量相关，该研究发现当土壤含水量由1.5%增加至2.5%时，土壤颗粒的起动风速变化较为缓慢，即土壤含水量为2.5%的土壤颗粒起动风速相较土壤含水量为1.5%的土壤颗粒起动风速仅仅增加0.11米/秒，而当土壤含水量由2.5%增加至3.5%时，土壤颗粒的起动风速变化增加较为明显，即土壤含水量为3.5%的土壤颗粒起动风速相较土壤含水量为2.5%的土壤颗粒起动风速增加0.66米/秒，这一增加量显著高于土壤含水量由1.5%增加至2.5%的土壤颗粒起动风速增加值（$P<0.05$）。产生这一结果的原因在于随着土壤含水量的不断增加，土壤颗粒间的水膜会产生静电作用，使得土壤颗粒间的黏着力不断增大，且土壤含水量的增加可有效促进土壤团聚体的形成，会使得研究区域荒漠草原土壤的起动风速显著增加（董治宝等，2007；Bergametti et al.，2016）。除此之外，该研究还发现土壤含水量对土壤风蚀率也有显著影响，且与土壤含水量对于土壤颗粒起动风速的影响特征相反，即在同一风速的前提下，土壤含水量的不断增加可显著降低土

壤风蚀率（$P < 0.05$）。当风洞模拟试验中的风速设置为10米/秒时，土壤含水量为1.5%处理下的土壤风蚀率为0.72克/分，随着土壤含水量增加为2.5%时，土壤风蚀率显著降低至0.43克/分，相较于土壤含水量为1.5%处理的土壤风蚀率降低40.28%；随着土壤含水量增加为3.5%时，土壤风蚀率显著降低至0.19克/分，相较于土壤含水量为2.5%处理和1.5%处理的土壤风蚀率降低55.81%和73.61%。当风洞模拟试验中的风速设置为13米/秒时，随着土壤含水量由1.5%增加至3.5%，土壤风蚀率相较于土壤含水量为2.5%处理和1.5%处理的土壤风蚀率分别降低40.25%和46.10%；当风洞模拟试验中的风速设置为17米/秒时，随着土壤含水量由1.5%增加至3.5%，土壤风蚀率相较于土壤含水量为2.5%处理和1.5%处理的土壤风蚀率分别降低9.00%和7.12%。这一结果说明土壤含水量的不断增加虽然可以显著降低土壤风蚀率，在10～13米/秒的风速范围内，土壤含水量可以作为影响土壤风蚀率的重要因素，但当风速高于3米/秒后，土壤含水量对于土壤风蚀率的影响会逐渐减弱。产生这一现象的原因：随着风速的逐步增加，土壤表层的土壤团聚体会受到风力的侵蚀作用而呈现分散状态，且对于较大的风速而言，会使得近地表空气连续不断地被扰动，不断加速土壤水分蒸发，使得土壤中的水分含量逐渐降低，导致土壤颗粒之间的黏着力显著降低，最终呈现出在高风速的状态下土壤水分的变化对于草原土壤风蚀的作用较弱。

该研究还发现土壤含水量对于输沙量的垂直分布特征有影响，使用集沙仪收集0～40厘米高度范围内不同层的土壤风蚀物，发现在风洞模拟试验中稳定风速下，增加土壤含水量可显著降低各层土壤输沙量（$P < 0.05$）。当风洞模拟试验中的风速设置为10米/秒时，土壤含水量为1.5%处理下收集到的0～40厘米土壤输沙量为1.38克，当土壤含水量由1.5%增加至2.5%时，收集到的0～40厘米土壤输沙量显著降低至0.74克，仅为土壤含水量为1.5%处

理下 0～40 厘米土壤输沙量的 53.62%，减少了 46.38%；当土壤含水量增加至 3.5% 后，收集到 0～40 厘米土壤输沙量为土壤含水量为 2.5% 处理的 35.14%，为土壤含水量为 1.5% 处理的 18.84%。同时，随着风洞模拟试验中设定的风速不断增加，该研究发现收集到的 0～40 厘米土壤输沙量也呈现显著增加的结果，此时土壤含水量对于土壤输沙量的影响随着风速的不断增加而逐渐减弱。当风洞模拟试验中的风速设置为 13 米/秒时，土壤含水量由 1.5% 增加至 2.5% 时，发现收集到的 0～40 厘米土壤输沙量减少了 24.37%；土壤含水量由 1.5% 增加至 3.5% 时，发现收集到的 0～40 厘米土壤输沙量减少了 76.77%。而当风洞模拟试验中的风速设置为 17 米/秒时，土壤含水量由 1.5% 增加至 2.5% 时，发现收集到的 0～40 厘米土壤输沙量减少了 16.18%；土壤含水量由 1.5% 增加至 3.5% 时，发现收集到的 0～40 厘米土壤输沙量减少了 51.15%。同时在 0～40 厘米高度内，该研究按照风沙流的结构特征分为 0～10 厘米、10～20 厘米、20～30 厘米和 30～40 厘米四个不同层风沙流，且发现在同一风速下，不同层风沙流的结构差异显著，特别是 0～10 厘米层和 30～40 厘米层。当风洞模拟试验中的风速设置为 10 米/秒时，土壤含水量会显著增加 0～10 厘米层风沙流的相对含量，即土壤含水量由 1.5% 增加至 3.5% 时，0～10 厘米层所收集到的输沙量占 0～40 厘米高度收集到的总输沙量的比例从 30.43% 增加至 50.00%。而对于 30～40 厘米层风沙流的相对含量，土壤含水量的增加则会极显著地起到降低作用，即 30～40 厘米层所收集到的输沙量占 0～40 厘米高度收集到的总输沙量的比例从 20.29% 降低为 7.69%。产生这一现象的原因：在同一风速下，土壤水分的增加会促进土壤团聚成细小的颗粒，有效降低土壤风蚀过程中的悬移质含量，进而造成 30～40 厘米高度风沙流中的沙物质含量降低；而随着风速的不断增加，地表细小颗粒会由于水分的蒸发而被吹散，使得土壤风蚀过程中的跃移质和悬移质显著增加，最终呈现为在 0~10 厘米高度收集的输沙量所占比例逐渐增加。

除了以上关于土壤含水量与土壤风速之间关系的研究外，还有研究者针对不同生态环境下的土壤类型进行土壤含水率对其风沙流结构及风蚀量影响方面的研究。如陈银萍等（2021）以科尔沁沙地典型生态环境为研究区域，以该区域常见流动沙丘土壤、沙质草地土壤和农田土壤为研究对象，通过可移动式的风洞模拟试验，对其风沙流进行数据分析。该研究所选用的三种生态环境的土壤类型均为风沙土，但由于生态环境不同，其土壤风蚀的程度也不相同，同时其利用方式也不相同，导致三种土壤类型的土壤粒级组成以及有机碳水平均存在明显差异。因此该研究并未设置相同的土壤含水率梯度，而是首先对三种土壤类型的土壤中加水测定其实际含水率，之后以肉眼看不到土壤表面发生风蚀这一节点作为加水梯度的上限，形成该研究三种土壤的不同土壤含水率梯度。该研究发现对于不同的土壤含水率，流动沙丘土壤、沙质草地土壤和农田土壤的输沙率均在 0~30 厘米高度内呈现随着高度的不断增加而逐渐减少的趋势，且土壤含水率越低在此高度内三种土壤的输沙率下降的趋势越明显。风沙流结构作为直接反映土粒运动的方式，是指土壤颗粒在气流的输送下而呈现的垂直分布以及变化规律（包岩峰等，2013；刘芳等，2014），大多数研究结果表明风沙流的各层输沙率会随着高度的上升而呈现逐渐降低的趋势，且各层输沙率具备较好的指数函数关系（Ellis et al.，2009；Kok et al.，2012）。该研究结果发现流动沙丘土壤在土壤含水率不断增加的过程中，其在 0~30 厘米高度内的输沙率整体可分为三个部分，当土壤含水率为 0.23% 时（天然干沙状态），流动沙丘土壤的输沙率在 0~12 厘米高度呈现急剧下降的状态；当土壤含水率为 0.50%~0.79% 时（低含水率状态），流动沙丘土壤的输沙率在 0~12 厘米高度呈现快速下降的状态；当土壤含水率为 0.90%~2.53% 时（高含水率状态），流动沙丘土壤的输沙率随着高度的上升整体呈现下降的趋势，且逐渐趋于缓和。沙质草地土壤在土壤含水率不断增加的过程中，其在0~30厘米高度内的风沙流结构整体可分为四个部分，当土壤含水率为0.00％时（烘干土状态），沙质草地土壤的输沙率随着高度的增加呈现急剧下降的状态；当土壤含水率为0.23％~0.42％时（低含水率状态），沙质草地土壤的输沙率随着高度的增加呈现迅速下降的状态；当土壤含水率为0.76％~1.14％时（中含水率状态），沙质草地土壤的输沙率随着高度的增加呈现下降趋势减缓的状态；当土壤含水率为1.72％~4.76％时（高含水率状态），沙质草地土壤的输沙率随着高度的增加呈现响应不敏感的状态。农田土壤在土壤含水率不断增加的过程中，其在0~30厘米高度内的风沙流结构整体可分为两个部分，当土壤含水率为0.00％~3.54％时（低含水率状态），农田土壤的输沙率在0~12厘米高度呈现急剧下降的状态；当土壤含水率为4.44％~14.43％时（高含水率状态），农田土壤的输沙率在0~12厘米高度呈现平缓下降的状态，最终风蚀作用逐步削弱，且土壤输沙率趋于不变。产生这一结果的原因：三种生态环境土壤风沙流中土壤颗粒平均的跃移高度近似值所呈现的变化情况不同。随着土壤含水率的增加，流动沙丘土壤风沙流中土壤颗粒平均跃移高度近似值整体呈现增大的趋势；沙质草地土壤风沙流中土壤颗粒平均跃移高度近似值呈现先增大后下降的趋势，且整体呈现增大趋势；农田土壤风沙流中土壤颗粒平均跃移高度近似值整体呈现震荡下降的趋势。该研究发现三类生态环境土壤在0~12厘米高度的输沙率占0~30厘米高度内输沙率的比例很大，且12厘米以上高度的输沙率呈现缓慢减少的状态。当流动沙丘土壤的含水率为0.23％时，其平均跃移高度测定为4.23厘米，且此时0~12厘米输沙率占0~30厘米高度内输沙率的91.53％；当流动沙丘土壤的含水率为1.01％时，其平均跃移高度测定为5.73厘米，且此时0~12厘米输沙率占0~30厘米高度内输沙率的 84.81%；当流动沙丘土壤的含水率为 2.53% 时，其平均跃移高度测定为 7.44 厘米，且此时 0～12 厘米输沙率占 0～30 厘米高度内输沙率的 81.31%。这一结果也证明随着土壤含水率的不断增加，土壤颗粒的平均跃移高度逐渐增加，且下层的土壤输沙率不断降低，而上层输沙率呈现逐渐上升的状态。这是由于随着湿度的不断增加，流动沙丘土壤表面颗粒之间的黏滞阻力会逐步增强，使得土壤表面蠕移输沙率呈现降低的状态，最终导致随着风速增加而低能量土粒之间的跃移碰撞作用被抑制，故而在高湿度下，高能量土粒之间的冲击反弹会使得土壤平均跃移高度不断增加，但其总输沙率却呈现显著降低的状态。沙质草地土壤的粒径分布与流动沙丘土壤的粒径分布接近，因此随着土壤含水率的增加，沙质草地土壤的平均跃移高度以及 0～12 厘米高度的输沙率占 0～30 厘米高度总输沙率的比值变化规律与流动沙土壤的表现一致。而农田土壤的风沙流结构变化规律与流动沙丘土壤和沙质草地土壤之间有着显著的不同，当农田土壤的含水率为 1.35% 时，其平均跃移高度测定为 4.68 厘米，且此时 0～12 厘米输沙率占 0～30 厘米高度内输沙率的 86.37%；当农田土壤的含水率为 4.44% 时，其平均跃移高度测定为 3.88 厘米，且此时 0～12 厘米输沙率占 0～30 厘米高度内输沙率的 87.55%；当农田土壤的含水率为 6.69% 时，其平均跃移高度测定为 3.73 厘米，且此时 0～12 厘米输沙率占 0～30 厘米高度内输沙率的 89.63%。因此，随着土壤含水率的不断增加，农田土壤的平均跃移高度整体呈现逐渐降低的趋势，且下层的土壤输沙率所占比重会不断增加，这一变化趋势与流动沙丘土壤和沙质草地土壤的风沙流结构变化规律相反，说明在影响各类土壤输沙率的含水率范围内，农田土壤的平均跃移高度小于沙质草地土壤，而沙质草地土壤的平均跃移高度小于流动沙丘土壤，进一步说明大粒径的土壤颗粒与地面碰撞可获取更大的能量，使土壤颗粒可通过跃移的方式到达更高的位置。

同时该研究还发现随着风速的不断增加，各类土壤输沙量的衰减会更加剧烈，且根据输沙量随着土壤含水量变化的具体情况，整体可以将流动沙丘土壤、沙质草地土壤以及农田土壤的输沙量变化规律分为3个区间，即平稳下降区间、跃变区间以及衰弱区间。其中，针对流动沙丘土壤而言，当土壤含水量为0.23%～0.79%时，土壤输沙量处于平稳下降区间，且除了17米/秒风速以外，各风速下的流动沙丘土壤输沙量随着土壤含水量增加而呈现的下降趋势较平缓；当土壤含水量为0.79%～1.01%时，土壤输沙量处于跃变区间，各风速下的流动沙丘土壤输沙量随着土壤含水量的增加呈现迅速下降趋势，且此时土壤含水量的微弱增加即可使得土壤输沙量快速下降；当土壤含水量大于1.01%时，土壤输沙量处于衰弱区间，各风速下的流动沙丘土壤输沙量随着土壤含水量的增加并未产生明显的变化趋势，且发现此时土壤风蚀较微弱。对于沙质草地土壤而言，当土壤含水量为0.00%～1.14%时，土壤输沙量处于平稳下降区间，且在15米/秒和17米/秒风速下该类型土壤输沙量的下降趋势较为迅速，而其余各风速下的沙质草地土壤输沙量随着土壤含水量的增加而呈现的下降趋势较平缓；当土壤含水量为1.14%～1.72%时，土壤输沙量处于跃变区间，各风速下的沙质草地土壤输沙量随着土壤含水量的增加而呈现迅速下降趋势；当土壤含水量大于1.72%时，土壤输沙量处于衰弱区间，各风速下的沙质草地土壤输沙量随土壤含水量的增加并未产生明显的变化趋势。对于农田土壤而言，当土壤含水量为0.00%～2.77%时，土壤输沙量处于平稳下降区间，各风速下的农田土壤输沙量随着土壤含水量增加而呈现的下降趋势较平缓，且此时输沙量与土壤含水量的关系曲线基本为水平状态；当土壤含水量为2.77%～4.44%时，土壤输沙量处于跃变区间，各风速下的农田土壤输沙量随着土壤含水量的增加而呈现迅速下降趋势，整体输沙量与土壤含水量的曲线呈现断崖式下降状态；当土壤含水量大于4.44%时，土壤输沙量处于衰弱区间，各风速下的农田土壤输沙量随土壤含水量的增加并未产生明显的变化，且此时土壤风蚀从低风速至高风速区间逐步达到完全停止状态。而针对流动沙丘土壤、沙质草地土壤以及农田土壤在土壤风蚀过程中的总输沙量与土壤含水量的关系，该研究发现随着土壤含水量的增加，三种土壤的总输沙量均呈现降低的趋势。其中，流动沙丘土壤的总输沙量在土壤含水量为 0.23%～1.79%区间内呈现直线降低的状态，在土壤含水量为 1.79%以上时其总输沙量极低，且趋于零；沙质草地土壤的总输沙量在土壤含水量为0.00%～1.72%区间内呈现直线降低的状态，在土壤含水量为1.72%～2.83%时其下降趋势减缓并呈转角状，在土壤含水量为2.83%以上时其呈现缓慢降低且趋于水平的状态；农田土壤的总输沙量在土壤含水量为 0.00%～2.77%时呈现缓慢减小且趋于水平的状态，在土壤含水量为 2.77%～4.44%时呈现下降迅速的状态，在土壤含水量为 4.44%以上时其呈现缓慢降低且趋于零的状态。同时，该研究还发现在土壤含水量为 0.00%～0.76%时，三类土壤总输沙量的大小排序为流动沙丘土壤＞沙质草地土壤＞农田土壤；当土壤含水量为 0.76%～1.35%时，三类土壤总输沙量的大小排序为沙质草地土壤＞流动沙丘土壤＞农田土壤；当土壤含水量在 1.35%以上时，三类土壤总输沙量的大小排序为农田土壤＞沙质草地土壤＞流动沙丘土壤。这是由于土壤湿度的不断增加会促进土壤颗粒物吸附水分使土壤颗粒的黏滞力增强，进而改变风对土壤颗粒的侵蚀作用（Chepil，1956），而针对不同土质的土壤，土壤湿度对土壤颗粒的抗风蚀性具有不同的作用，如土壤的湿度压与黏土抗风蚀性之间具有极强的线性关系，在风洞试验中相同的风速下黏土的含量越高其阈值的湿度越大（Saleh et al.，1995），土壤颗粒越细，其抑制土壤风蚀发生的土壤含水量要求越高（Bisal et al.，1966）。该研究针对流动沙丘土壤、沙质草地土壤以及农田土壤对不同风速下的输沙量与土壤含水量之间的关系，将此曲线斜率的变化分为三个阶段，且不同阶段的曲线斜率表示土壤颗粒之间水分的不同形态。对干燥阶段的土壤轻微添加水分，会在平稳下降的阶段使土壤颗粒表面吸附水并出现水膜，从而增强土壤颗粒间的黏滞力；之后继续增加水分，会使在跃变阶段已呈现为湿润状态的土壤颗粒之间出现水桥，使土壤颗粒之间的水分由吸附水转向毛管水状态，也使得土壤颗粒之间的黏滞力迅速增强；随着进一步增加土壤水分含量，一直到衰弱阶段，水桥完全形成，此时的土壤颗粒对风力侵蚀有极高的抵抗能力，且此时风速发生的变化对土壤输沙量的影响可忽略不计。同时该研究还发现虽然流动沙丘土壤与沙质草地土壤的粒径组成基本一致，但是随着含水量的变化，两类土壤的输沙量所呈现出来的状态并不相同，主要原因在于沙质草地土壤在经历过多年植物生长后，其土壤有机质含量有较为显著的增加，而在水分存在时，沙质草地土壤中的土壤有机质和盐类会通过改变土壤颗粒之间的内聚力，进而影响土壤输沙量的大小。因此，该实验得出在半干旱的风沙区，农田的风沙防治与水土保持对于该地区控制风沙源有着重要意义。

　　土壤含水量除了会直接影响土壤风蚀量外，还会通过影响土壤颗粒的临界起沙风速间接对土壤风蚀量产生影响。临界起沙风速可作为反映土壤风蚀性的重要指标之一，土壤颗粒的临界起沙风速越高，说明该土壤颗粒越不易被风力所侵蚀。移小勇等（2006）以温带大陆性半干旱气候下的科尔沁沙地为研究对象，利用风洞试验对不同土壤含水量下的流动沙丘土壤和农田土壤临界起沙风速和风蚀量进行研究，结果发现当风洞试验的风速固定为8米/秒时，流动沙丘土壤和农田土壤的风蚀量均会随着土壤含水量的增加而逐渐降低，且整体呈负幂函数关系。其中在土壤风蚀量随着土壤含水量的增加不断减小的过程中，该研究发现最开始随着土壤含水量的增加，土壤风蚀量会急剧减小，而这种减小的幅度会随着土壤含水量的不断增加而逐渐减小，一直到土壤含水量达到近饱和的状态时，土壤风蚀量的减小程度已变得很不明显，且土壤含水量与土壤风蚀量之间的曲线已变得平直。虽然该研究中的流动沙丘土壤风蚀量和农田土壤风蚀量随着土壤含水量的变化具有相似的趋势，但是两种土壤也具备自身特点，首先，流动沙丘土壤相对于农田土壤而言，其土壤风蚀量会对土壤含水量的响应更加敏感，在土壤含水量较低时增加少许水分，流动沙丘土壤的风蚀量减少率大于农田土壤的风蚀减少率；其次流动沙丘土壤在土壤含水量为 2% 左右时，其土壤风蚀量已经减小到很低的程度，即当流动沙丘土壤含水量由 0.91% 增加到 2.04% 时，其土壤风蚀量会从 7.17 千克/(米^2·分) 减小到 0.22 千克/(米^2·分)，减小了 97.0%，而对于农田土壤来说这一转折点是在土壤含水量为 4% 左右，即当农田土壤含水量由 1.41% 增加到 3.83% 时，其土壤风蚀量会从 5.22 千克/(米^2·分) 减小到 0.26 千克/(米^2·分)，减小了 95%；最后，在同一土壤含水量条件下，流动沙丘土壤风蚀量和农田土壤风蚀量并不相同，且农田土壤风蚀量大于流动沙丘土壤风蚀量，但是随着两种土壤含水量的不断增加，流动沙丘土壤风蚀量和农田土壤风蚀量之间的差异会逐步缩小。这是由于不同条件土样的风蚀率对风速的响应不同，已有研究表明，不同粒径特征的可蚀性土壤颗粒中粒径小于 0.05 毫米的土壤颗粒属于难侵蚀颗粒，同时这一粒径的土壤颗粒一般被认为是粉粒和黏粒（朱震达等，1996）。农田土壤与流沙土壤的质地不同，在流沙土壤中粒径小于 0.05 毫米的难侵蚀颗粒所占比例为 2.11%，而农田土壤中粒径小于 0.05 毫米的难侵蚀颗粒所占比例为 29.14%。因此，相较于农田土壤，流沙土壤中含有较少的难侵蚀颗粒，更易发生土壤侵蚀，流沙土壤的风蚀率较高。而该研究发现在低风速时农田土壤的风蚀率大于流沙土样的原因也是由土壤的结构造成的。相较于流沙土壤，农田土壤中有更多的细小颗粒，而细小颗粒由于惯性较小，当其受到较小风力后即会获得一定的动能，产生移动，而大颗粒土壤的起动则需要获得更大的动能，故在低风速时农田土样的风蚀率高于流沙土样。但随着风速的不断增加，土壤所获得的动力足以使所有土壤颗粒产生移动，此时相较于农田土壤，流沙土壤中含有更多的易侵蚀颗粒（即粒径为 0.40～0.075 毫米的颗粒物为易侵蚀颗粒，农田土壤中该粒径区间的颗粒所占比例不到 69%，而流沙土样中该粒径区间的颗粒占 96%），表现为流沙土壤的风蚀率高于农田土壤。

　　除此之外，该研究还分析了不同土壤含水量对土壤颗粒临界起沙风速的影响，结果发现风干状态下的农田土壤（含水量为1.41%）的临界起沙风速为 3.7 米/秒，流沙土壤（含水量为0.91%）的临界起沙风速为 4.3 米/秒，相较于流沙土壤，风干状态下的农田土壤更易发生土壤风蚀现象。当两种土壤的含水量相同时，该研究发现流沙土壤的临界起沙风速明显高于农田土壤，这一现象也是由于不同类型土壤中的可蚀性颗粒粒径不同造成的。已有研究表明，对启动风速要求最低的石英砂粒粒径为 0.08 毫米，而流沙土壤中 0.10～0.05 毫米范围内的沙粒含量占可蚀性颗粒总量的 1.58%，且细小的土壤颗粒常黏附于较粗的沙粒，需要受到更大的外力才可移动，故对于含粗粒成分较多的流沙土壤而言，其临界起沙风速相对较高。农田土壤中 0.10～0.05 毫米范围内的沙粒含量占可蚀性颗粒总量的 43.25%，说明农田土壤的临界起沙风速低于流沙土壤。同时随着土壤含水量（x）的增加，流沙土壤的临界起沙风速（y）呈线性增加的趋势（$y=1.99x+2.93$），而农田土壤的临界起沙风速呈二次函数增加的趋势（$y=0.18x^2+2.21x+1.43$）。因此土壤含水量对流沙土壤的临界起沙风速的影响大于农田土壤，说明随着土壤含水量的增加，土壤颗粒之间的结合力增大，进而提高了土壤的临界起沙风速，最终增强了土壤的抗风蚀能力。产生这一现象的原因：两种土壤的粒径组成有一定差异，流沙土壤中主要由中沙粒和细沙粒组成，其黏粒含量很低，而农田土壤中含有较多的极细沙、粉粒和黏粒，因此相较于流沙土壤，农田土壤具备较好的蓄水功能，即流沙土壤对于土壤含水量的响应比农田土壤更加敏感，最终体现为流沙土壤的风蚀量随土壤含水量变化的趋势相较于农田土壤更加明显。

本研究所得结果显示：土壤含水量较高时，收集到的土壤风蚀颗粒较少；土壤含水量较低时，收集到的土壤风蚀颗粒较多。如2017年5月7日至9日和2018年4月19日至21日降水和土壤含水量最大，相应风蚀水平相对较低。这与Uzun et al.（2017）的结论一致，他们的研究指出在土壤颗粒之间的薄膜水作用下，当土壤含水量较高时，对土壤颗粒进行分离需要更大的外力。在潮湿条件下，土壤中水分子与土壤颗粒之间的张力增加了颗粒之间的内聚力，最终增加了土壤的起始风速（Yuge et al.，2019；Wang et al.，2021）。因此，当土壤含水量较高时，即使风速达到了土壤颗粒的起始风速，土壤颗粒也难以移动，说明土壤含水量是导致土壤风蚀强度变化的重要因素之一。

7.4 小结

本研究在东北黑土区田间经过三年（2016—2018年）的野外观测实验发现，蠕移这种风蚀传播模式是研究区域内最主要的传输方式，秸秆覆盖还田处理和传统耕作处理下，蠕移对于整体土壤风蚀的贡献力分别为81.15%和84.07%；在距地表0.5米高度所收集到的土壤风蚀量是整个观测高度（0.2～2米）内收集到风蚀量最多的高度。以上关于研究区域的风蚀特征观测结果可为研究团队对未来中国东北黑土区的耕地风蚀预防工作提供研究基础。

除此之外，本研究发现研究区域内的耕作方式、降雨、风速和土壤含水量对农田土壤风蚀量均有一定影响，其中田间风蚀物与研究区域内的最大风速和平均风速均呈现显著的正相关（$P \leqslant 0.05$）。与传统耕作相比，秸秆覆盖还田处理可有效减少农田表层土壤蠕移以及跃移的可蚀性土壤颗粒，即秸秆覆盖还田可有效减少耕地表层的风蚀作用，而传统耕作处理无地表覆盖物的遮挡，更易受到降雨和土壤水分的影响，因此在东北黑土区进行传统耕作会增加农田土壤侵蚀的发生。

第8章 结论与展望

8.1 研究结论

（1）免耕秸秆覆盖还田和秸秆深翻埋还田均可有效提高坡耕地小区的水土保持功效指标。2015 年和 2016 年免耕秸秆覆盖还田比传统耕作的年均土壤储水量（0～150 厘米土层）增加 3％，且土壤储水量的波动与降雨分布有一定的相关性，而秸秆深翻埋还田则对 0～150 厘米土层的年均土壤储水量无明显作用。两种还田方式处理分别比传统耕作的土壤初始入渗率高 19.3％和 20％，且两年数据均显示从 6 月到 10 月，两种秸秆还田处理与传统耕作之间的土壤初始入渗率差值在不断减小。免耕秸秆覆盖还田和秸秆深翻埋还田可分别比传统耕作减少地表径流产生次数 4 次和 3 次，减少产沙次数分别为 3 次和 2 次，减少小区径流量分别为 79.1％和 66.1％，减少小区侵蚀量分别为 95％和 89.4％。因此，免耕秸秆覆盖还田方式和秸秆深翻埋还田方式在研究区坡耕地径流小区均有明显的水土保持功效。

（2）免耕秸秆覆盖还田和秸秆深翻埋还田下的小区土壤养分含量均大于传统耕作处理。2015—2016 年免耕秸秆覆盖还田处理在 0～20 厘米土层的土壤有机质和全氮含量分别比传统耕作处理增加 14％和 17.5％，且在小区 0～10 厘米土层可增加 26.2％和 7.7％的全磷和全钾含量；而秸秆深翻埋还田小区分别比传统耕作小区内 10～30 厘米土层的土壤有机质、全氮、全磷和全钾含量增加 52.6％、99.5％、62.7％和 25.9％，因此免耕秸秆覆盖还田和秸秆深翻埋还田对于研究区域土壤各土层的养分因子的增加效果不同。同时，免耕秸秆覆盖还田与传统耕作处理，其土壤中各养分含量均表现为在土壤表层富集且随土壤深度逐渐增加而不断降低的趋势。

（3）免耕秸秆覆盖还田和秸秆深翻埋还田处理相较于传统耕作处理，均可有效地改善土壤结构。在 2015 年和 2016 年的 6 月，免耕秸秆覆盖还田处理平均增加土壤容重 20.3% 和土壤非毛管孔隙度 1.9%，降低总孔隙度 8% 和毛管孔隙度 9.8%。同时秸秆深翻埋还田处理平均降低土壤容重 4.8% 和土壤毛管孔隙度 2.3%，增加总孔隙度 1.9% 和非毛管孔隙度 3%。而在 2015 年和 2016 年，免耕秸秆覆盖还田比传统耕作小区平均降低土壤三相比 R 值为 4.6，同时可显著增加 $0 \sim 10$ 厘米土层的土壤大粒径水稳性团聚体含量和土壤团聚体的稳定性，即 $R_{0.25}$、MWD 和 GWD 分别增加 10.7%、43.4% 和 18.8%。秸秆深翻埋还田处理在观测期内可显著增加土壤 $10 \sim 30$ 厘米土层的大粒径水稳性团聚体含量及水稳性团聚体稳定性，即 $R_{0.25}$、MWD 和 GWD 分别增加 13.1%、56.3%、22.1%。

（4）相较于传统耕作处理小区，免耕秸秆覆盖还田处理小区在 2015 年和 2016 年观测期内，能有效地减少径流次数、径流量、输沙次数以及侵蚀量；传统耕作处理小区所产生的径流量和侵蚀量与作物的生育期、降雨强度和降雨分布有直接关系，其中在作物播种期不易产生地表径流和土壤侵蚀，在作物苗期极易产生地表径流和土壤侵蚀，在作物生长旺盛期不易产生地表径流和土壤侵蚀，在作物成熟期易产生地表径流和土壤侵蚀。与传统耕作处理相比，秸秆深翻埋还田处理小区同样能够有效地减少径流次数、径流量、输沙次数以及侵蚀量，并且秸秆覆盖还田处理下坡度为 5° 的坡耕地小区（NT-5）地表径流量和土壤流失量均最小，传统耕作处理下坡度为 7° 的坡耕地小区（CT-7）地表径流量和土壤流失量均最大。

（5）研究区域最主要的风蚀传输方式为蠕移，且秸秆覆盖还田处理和传统耕作处理中蠕移对于整体土壤风蚀的贡献力分别为81.15%和84.07%。在观测高度内发现距地表0.5米高度所收集到的风蚀量最多。田间风蚀物与研究区域内的最大风速和平均风速均呈现显著的正相关。相较于传统耕作，秸秆覆盖还田处理可有效减少耕地表层的风蚀作用；传统耕作处理更易受到降雨和土壤水分的影响。

8.2 研究中存在的不足及展望

（1）本研究仅采用两年数据分析两种秸秆还田方式对坡耕地土地的物理结构、化学养分及水土保持功效的影响，在今后的研究中应采用多年数据分析，有助于更好地揭示秸秆还田对坡耕地土地质量的影响。

（2）因本研究中秸秆深翻埋还田处理实施时间较短，其长期效应还未显示出来，有待进一步研究。

参 考 文 献

安娟，2012. 东北黑土区土壤侵蚀过程机理和土壤养分迁移研究 [D]. 北京：中国科学院研究生院（教育部水土保持与生态环境研究中心）.

贝费尔，1983. 土壤物理学 [M]. 周传槐，译. 北京：农业出版社.

毕于运，2010. 秸秆资源评价与利用研究 [D]. 北京：中国农业科学院

边锋，郑粉莉，徐锡蒙，等，2016. 东北黑土区顺坡垄作和无垄作坡面侵蚀过程对比 [J]. 水土保持通报，36 (1)：11 - 16.

曹莹菲，张红，刘克，等，2016. 不同处理方式的作物秸秆田间腐解特性研究 [J]. 农业机械学报，47 (9)：212 - 219.

曾木祥，王蓉芳，彭世琪，等，2002. 我国主要农区秸秆还田试验总结 [J]. 土壤通报，2002 (5)：336 - 339.

查小春，唐克丽，2001. 黄土丘陵林区开垦地人为加速侵蚀与土壤物理力学性质的时间变化 [J]. 水土保持学报，15 (3)：20 - 23.

陈光，2006. 东北黑土区试点工程坡面治理减沙效益分析 [J]. 东北水利水电，24 (12)：56 - 59.

陈强，Yuriy S Kravchenko，陈渊，等，2014. 少免耕土壤结构与导水能力的季节变化及其水保效果 [J]. 土壤学报，51 (1)：11 - 21.

陈雪，蔡强国，王学强，2008. 典型黑土区坡耕地水土保持措施适宜性分析 [J]. 中国水土保持科学，6 (5)：44 - 49.

陈中玉，张祖立，白小虎，2007. 农作物秸秆的综合开发利用 [J]. 农机化研究 (5)：194 - 196.

丛宏斌，沈玉君，孟海波，等，2020. 农业固体废物分类及其污染风险识别和处理路径 [J]. 农业工程学报，36 (14)：28 - 36.

崔峰，2006. 浅谈农业面源污染的危害与治理 [J]. 北方果树 (6)：59.

崔明，蔡强国，范昊明，2007. 东北黑土区土壤侵蚀研究进展 [J]. 水土保持

研究，14（5）：29-34.

代文才，高明，兰木羚，等，2017. 不同作物秸秆在旱地和水田中的腐解特性及养分释放规律［J］. 中国生态农业学报，25（2）：188-199.

戴志刚，鲁剑巍，李小坤，等，2010. 不同作物还田秸秆的养分释放特征试验［J］. 农业工程学报，26（6）：272-276.

党亚爱，李世清，王国栋，等，2007. 黄土高原典型土壤全氮和微生物氮剖面分布特征研究［J］. 植物营养与肥料学报，13（6）：1020-1027.

董萍，严力蛟，2011. 利用植物篱防治水土流失的技术及其效益研究综述［J］. 土壤通报，42（2）：491-496.

杜新玲，杜新荣，2013. 土壤侵蚀作用对黑土物理肥力的影响［J］. 吉林水利（5）：5-7.

范昊明，蔡强国，崔明，2005. 东北黑土漫岗区土壤侵蚀垂直分带性研究［J］. 农业工程学报，21（6）：8-11.

范昊明，蔡强国，王红闪，2004. 中国东北黑土区土壤侵蚀环境［J］. 水土保持学报，18（2）：66-70.

范建荣，潘庆宾，2002. 东北典型黑土区水土流失危害及防治措施［J］. 水土保持科技情报（5）：36-38.

范围，吴景贵，李建明，等，2018. 秸秆均匀还田对东北地区黑钙土土壤理化性质及玉米产量的影响［J］. 土壤学报，55（4）：835-846.

范晓娟，张丽萍，邓龙洲，等，2017. 植被覆盖和施肥对不同坡长坡地总磷流失的影响［J］. 水土保持学报，31（6）：27-32.

冯春福，王黎明，杜世凯，2009. 鄂西南地区农作物秸秆还田的措施和条件［J］. 现代农业科技（16）：257，261.

付兴涛，姚璟，2015. 降雨条件下坡长对陡坡产流产沙过程影响的模拟试验研究［J］. 水土保持学报，29（5）：20-24.

傅伯杰，马克明，周华峰，等，1998. 黄土丘陵区土地利用结构对土壤养分分布的影响［J］. 科学通报，43（22）：2444-2448.

傅涛，倪九派，魏朝富，等，2001. 坡耕地土壤侵蚀研究进展［J］. 水土保持学报，15（3）：123-128.

甘磊，张静举，黄太庆，等，2017. 基于 CT 技术的甘蔗地不同耕作措施下土壤孔隙结构研究 [J]. 西南农业学报，30 (8)：1843 - 1848.

高祥照，马文奇，马常宝，等，2002. 中国作物秸秆资源利用现状分析 [J]. 华中农业大学学报，21 (3)：242 - 247.

高学田，包忠谟，2001. 降雨特性和土壤结构对溅蚀的影响 [J]. 水土保持学报，15 (3)：24 - 26，47.

高亚军，李生秀，2005. 旱地秸秆覆盖条件下作物减产的原因及作用机制分析 [J]. 农业工程学报，21 (7)：15 - 19.

宫亮，孙文涛，王聪翔，等，2008. 玉米秸秆还田对土壤肥力的影响 [J]. 玉米科学，16 (2)：122 - 124，130.

龚振平，邓乃榛，宋秋来，等，2018. 基于长期定位试验的松嫩平原还田玉米秸秆腐解特征研究 [J]. 农业工程学报，34 (8)：139 - 145.

关君蔚，1996. 水土保持原理 [M]. 北京：中国林业出版社.

关学彬，史建康，吕淑果，2016. 基于 GIS 和 RUSLE 模型的松涛水库上游水土流失定量分析 [J]. 中国水土保持 (10)：56 - 59，77.

管延芳，2017. 中国农村土地流转信托推进农业绿色发展探究 [J]. 农业经济 (2)：18 - 20.

郭海斌，冀保毅，王巧锋，等，2014. 深耕与秸秆还田对不同质地土壤物理性状和作物产量的影响 [J]. 河南农业大学学报，48 (4)：505 - 511.

郭培才，张振中，杨开宝，1992. 黄土区土壤抗蚀性预报及评价方法研究 [J]. 水土保持学报，6 (3)：48 - 51，58.

郭天雷，史东梅，卢阳，等，2017. 几种保护措施对紫色丘陵区坡耕地土壤团聚体结构及有机碳的影响 [J]. 水土保持学报，31 (2)：197 - 203.

郭贤仕，杨如萍，马一凡，等，2010. 保护性耕作对坡耕地土壤水分特性和水土流失的影响 [J]. 水土保持通报，30 (4)：1 - 5.

韩新忠，朱利群，杨敏芳，等，2012. 不同小麦秸秆还田量对水稻生长、土壤微生物生物量及酶活性的影响 [J]. 农业环境科学学报，31 (11)：2192 - 2199.

韩泽华，2008. 保护性耕作的发展与变革 [J]. 内蒙古农业科技 (4)：97 -

98，124.

郝春颖，谢矿，2019. 乡村振兴战略视域下绿色兴农之路实证研究——以凤台县为例 [J]. 农村科学实验（10）：109-110，114.

何念祖，林咸永，林荣新，等，1995. 面施和深施对秸秆中氮磷钾释放的影响 [J]. 土壤通报，26（7）：40-42.

胡国成，章明奎，韩常灿 2000. 红壤团聚体力学和酸碱稳定性的初步研究 [J]. 浙江农业科学（3）：23-25.

胡国华，赵沛伦，肖翔群，2004. 黄河泥沙特性及对水环境的影响 [J]. 水利水电技术（8）：17-20.

胡伟，郑粉莉，边锋，2016. 降雨能量对东北典型黑土区土壤溅蚀的影响 [J]. 生态学报，36（15）：4708-4717.

黄丽，张光远，丁树文，等，1999. 侵蚀紫色土土壤颗粒流失的研究 [J]. 土壤侵蚀与水土保持学报，5（1）：36-40，86.

黄丽华，沈根祥，钱晓雍，等，2008. 滴灌施肥对农田土壤氮素利用和流失的影响 [J]. 农业工程学报，24（7）：49-53.

黄绍敏，杨先明，皇甫湘荣，等，2006. 不同栽培因子对河南玉米产量的影响程度 [J]. 玉米科学，14（3）：116-119.

江永红，宇振荣，马永良，2001. 秸秆还田对农田生态系统及作物生长的影响 [J]. 土壤通报，2001，32（5）：209-213.

金书秦，牛坤玉，韩冬梅，2020. 农业绿色发展路径及其"十四五"取向 [J]. 改革（2）：30-39.

景国臣，刘绪军，任宪平，2008. 黑土坡耕地土壤侵蚀对土壤性状的影响 [J]. 水土保持研究，15（6）：28-31.

匡恩俊，迟凤琴，宿庆瑞，等，2010. 三江平原地区不同有机物料腐解规律的研究 [J]. 中国生态农业学报，18（4）：736-741.

匡恩俊，迟凤琴，宿庆瑞，等，2012. 不同还田方式下玉米秸秆腐解规律的研究 [J]. 玉米科学，20（2）：99-101，106.

劳秀荣，孙伟红，王真，等，2003. 秸秆还田与化肥配合施用对土壤肥力的影响 [J]. 土壤学报，40（4）：618-623.

雷廷武，潘英华，刘汗，等，2006. 产流积水法测量降雨侵蚀影响下坡地土壤入渗性能 [J]. 农业工程学报，22（8）：7-11.

李爱宗，张仁陟，王晶，2008. 耕作方式对黄绵土水稳定性团聚体形成的影响 [J]. 土壤通报，39（3）：480-484.

李逢雨，2007. 秸秆还田养分释放规律及稻草化感作用研究 [D]. 雅安：四川农业大学.

李光录，姚军，庞小明，2008. 黄土丘陵区土壤和泥沙不同粒径有机碳分布及其侵蚀过程 [J]. 土壤学报（4）：740-744.

李洪丽，韩兴，张志丹，等，2013. 东北黑土区野外模拟降雨条件下产流产沙研究 [J]. 水土保持学报，27（4）：49-52，57.

李洪文，陈君达，高焕文，1997. 旱地农业三种耕作措施的对比研究 [J]. 干旱地区农业研究，15（1）：10-14.

李继福，薛欣欣，李小坤，等，2016. 水稻—油菜轮作模式下秸秆还田替代钾肥的效应 [J]. 植物营养与肥料学报，22（2）：317-325.

李里特，1997. 有机农业和绿色食品 [M]. 北京：中国农业科技出版社.

李明伟，2018. 辽西地区不同水土保持措施条件下土壤侵蚀量与降雨因子关系研究 [J]. 中国水土保持（8）：29-33，69.

李鹏，李占斌，郑良勇，等，2005. 坡面径流侵蚀产沙动力机制比较研究 [J]. 水土保持学报（3）：66-69.

李清泉，2008. 秸秆还田技术应用发展现状与前景分析 [J]. 中国农村小康科技（9）：10-11.

李树山，杨俊诚，姜慧敏，等，2013. 有机无机肥氮素对冬小麦季潮土氮库的影响及残留形态分布 [J]. 农业环境科学学报，32（6）：1185-1193.

李玮，张佳宝，张丛志，等，2013. 秸秆还田方式和施肥对冬小麦生理特性及产量的影响 [J]. 土壤，45（2）：1214-1219.

李新举，张志国，李贻学，2001. 土壤深度对还田秸秆腐解速度的影响 [J]. 土壤学报，38（1）：135-138.

李秀双，师江澜，王淑娟，等，2016. 长期秸秆还田对农田土壤钾素形态及空间分布的影响 [J]. 西北农林科技大学学报（自然科学版），44（3）：

109 - 117.

李由甲，2017. 我国绿色农业发展的路径选择［J］. 农业经济（3）：6-8.

李宗泰，陈二影，张美玲，等，2012. 施钾方式对棉花叶片抗氧化酶活性、产量及钾肥利用效率的影响［J］. 作物学报，38（3）：487-494.

林超文，庞良玉，陈一兵，等，2008. 不同耕作方式和雨强对紫色土坡耕地降雨有效性的影响［J］. 生态环境，17（3）：1257-1261.

林成谷，1992. 土壤学（北方本）［M］. 北京：农业出版社.

林心雄，吴顺龄，车玉萍，1992. 干旱和半干旱地区测定有机物分解速率的尼龙袋法［J］. 土壤（6）：315-318.

刘宝元，阎百兴，沈波，等，2008. 东北黑土区农地水土流失现状与综合治理对策［J］. 中国水土保持科学，6（1）：1-8.

刘建峰，2018. 绿色发展是现代农业建设的重大使命［N］. 陇东报，2018-11-20.

刘建胜，2005. 我国秸秆资源分布及利用现状的分析［D］. 北京：中国农业大学，2005.

刘伟，区自清，应佩峰，2001. 土壤大孔隙及其研究方法［J］. 应用生态学报（3）：465-468.

刘文国，赵强，杨艳美，2018. 秸秆还田处理对土壤理化性状及玉米产量的影响［J］. 中国农学通报，34（27）：111-117.

刘兴土，阎百兴，2009. 东北黑土区水土流失与粮食安全［J］. 中国水土保持（1）：17-19.

刘旭，唐华俊，易小燕，等，2017. 基于农业发展方式转变的美丽乡村建设重点和路径选择［J］. 中国工程科学，19（4）：33-39.

刘绪军，2003. 浅谈黑龙江省黑土地保土耕作法的机理及效应［J］. 中国水土保持（12）：37-38，47.

刘元保，唐克丽，查轩，等，1990. 坡耕地不同地面覆盖的水土流失试验研究［J］. 水土保持学报（1）：25-29.

刘中良，宇万太，周桦，等，2011. 不同有机厩肥输入量对土壤团聚体有机碳组分的影响［J］. 土壤学报，48（6）：1149-1157.

柳敏，张璐，宇万太，等，2007. 有机物料中有机碳和有机氮的分解进程及分解残留率 [J]. 应用生态学报 (11)：2503－2506.

卢嘉，2012. 东北黑土区坡耕地土壤团聚体迁移和养分流失的影响因素研究 [D]. 杨凌：西北农林科技大学.

卢金伟，李占斌，2002. 土壤团聚体研究进展 [J]. 水土保持研究 (1)：81－85.

鲁成禹，2001. 生物篱治理坡耕地水土流失的探讨. 湖北林业科技 (3)：23－24.

路文涛，贾志宽，张鹏，等，2011. 秸秆还田对宁南旱作农田土壤活性有机碳及酶活性的影响 [J]. 农业环境科学学报，30 (3)：522－528.

罗必良，2017. 推进我国农业绿色转型发展的战略选择 [J]. 农业经济与管理 (6)：8－11.

吕刚，班小峰，雷泽勇，等，2009. 东北黑土区坡耕地治理过程中的水土保持效应 [J]. 水土保持研究，16 (6)：51－55.

吕刚，吴祥云，2008. 土壤入渗特性影响因素研究综述 [J]. 中国农学通报，24 (7)：494－499.

马琨，王兆骞，陈欣，等，2002. 红壤坡地土壤侵蚀定位土芯 Eu 示踪方法研究 [J]. 水土保持学报，16 (4)：21－24.

马星竹，周宝库，张喜林，等，2009. 保护性耕作对贫瘠型黑土区土壤理化特性的影响 [J]. 黑龙江农业科学 (6)：55－57，65.

马永良，师宏奎，张书奎，等，2003. 玉米秸秆整株全量还田土壤理化性状的变化及其对后茬小麦生长的影响 [J]. 中国农业大学学报 (S1)：42－46.

孟凡乔，吴文良，辛德惠，2000. 高产农田土壤有机质、养分的变化规律与作物产量的关系 [J]. 植物营养与肥料学报，6 (4)：370－374.

孟令钦，2009. 东北黑土区沟蚀机理及防治模式的研究 [D]. 北京：中国农业科学院.

缪建明，王宏，李滋睿，等，2019. 深入推进我国农业绿色发展的思考 [J]. 农业农村部管理干部学院学报 (1)：1－6.

南秋菊，华珞，2003. 国内外土壤侵蚀研究进展 [J] 首都师范大学学报（自然科学版）(2)：86－95.

牛晓音，王延华，杨浩，等，2014. 滇池双龙流域不同土地利用方式下土壤侵蚀与土壤养分分异 [J]. 环境科学研究，27（9）：1043 - 1050.

潘晶，齐诗月，肖露，等，2018. 玉米秸秆还田养分释放规律及对玉米根际土和根系酶活性的影响 [J]. 沈阳师范大学学报（自然科学版），36（6）：539 - 544.

齐智娟，张忠学，杨爱峥，2012. 黑土坡耕地不同水土保持措施的土壤水蚀特征研究 [J]. 水土保持通报，32（1）：89 - 92，97.

钱婧，张丽萍，王小云，等，2012. 人工降雨条件下不同坡长和覆盖度对氮素流失的影响 [J]. 水土保持学报，26（5）：6 - 10.

强学彩，2003. 秸秆还田量的农田生态效应研究 [D]. 北京：中国农业大学.

强学彩，袁红莉，高旺盛，2004. 秸秆还田量对土壤 CO_2 释放和土壤微生物量的影响 [J]. 应用生态学报，15（3）：469 - 472.

乔海龙，刘小京，李伟强，等，2006. 秸秆深层覆盖对土壤水盐运移及小麦生长的影响 [J]. 土壤通报，37（5）：885 - 889.

阮伏水，1995. 福建花岗岩地区坡度和坡长对土壤侵蚀的影响 [J]. 福建师范大学学报（自然科学版），11（1）：100 - 106.

邵云，马守田，李学梅，等，2014. 秸秆还田方式对麦田土壤碳、氮、水动态及小麦产量的影响 [J]. 麦类作物学报，34（11）：1545 - 1551.

申艳，张晓平，梁爱珍，等，2008. 黑土坡耕地土壤流失形态分析——以一次降雨为例 [J]. 干旱地区农业研究（6）：224 - 229.

沈昌蒲，龚振平，温锦涛，2005. 横坡垄与顺坡垄的水土流失对比研究 [J]. 水土保持通报，25（4）：48 - 49，80 - 114.

沈奕彤，郭成久，2016. 不同施肥方式对黑土坡面养分流失的影响 [J]. 水土保持学报，30（5）：41 - 45.

史奕，陈欣，沈善敏，2002. 土壤团聚体的稳定机制及人类活动的影响 [J]. 应用生态学报（11）：1491 - 1494.

史奕，张璐，鲁彩艳，等，2003. 不同有机物料在潮棕壤中有机碳分解进程 [J]. 生态环境，12（1）：56 - 58.

水利部，中国科学院，中国工程院，2010. 中国水土流失防治与生态安全：黑

土卷 [M]. 北京：科学出版社.

宋志伟，杨首乐，2006. 有机物料在潮土中的腐解残留率测定方法改进与变化规律 [J]. 中国土壤与肥料 (5)：25-27.

宿敏敏，王晓军，高洪生，2017. 耕作措施与氮肥对黑土流失及氮损失的影响 [J]. 水土保持学报，31 (6)：58-65，163.

隋媛媛，刘明义，许晓鸿，等，2014. 坡式条田在黑土区坡耕地水土流失治理中的应用及效益分析 [J]. 水土保持学报，28 (6)：52-55，76.

孙德亮，赵卫权，李威，等，2016. 基于 GIS 与 RUSLE 模型的喀斯特地区土壤侵蚀研究——以贵州省为例 [J]. 水土保持通报，36 (3)：271-276，283，370.

孙莉英，郑明国，方海燕，等，2012. 漫川漫岗黑土区水土流失综合治理范式 [J]. 中国水土保持科学，10 (3)：43-49.

孙炜琳，王瑞波，姜茜，等，2019. 农业绿色发展的内涵与评价研究 [J]. 中国农业资源与区划，40 (4)：14-21.

谭德水，金继运，黄绍文，等，2007. 不同种植制度下长期施钾与秸秆还田对作物产量和土壤钾素的影响 [J]. 中国农业科学，40 (1)：133-139.

谭德水，金继运，黄绍文，等，2008. 长期施钾与秸秆还田对华北潮土和褐土区作物产量及土壤钾素的影响 [J]. 植物营养与肥料学报，14 (1)：106-112.

汤文光，肖小平，唐海明，等，2015. 长期不同耕作与秸秆还田对土壤养分库容及重金属 Cd 的影响 [J]. 应用生态学报，26 (1)：168-176.

唐海峰，杨昆，2012. 基于 GIS 与 SWAT 的洱海流域农业非点源污染模拟研究 [J]. 安徽农业科学，40 (11)：6747-6750.

唐涛，郝明德，单凤霞，2008. 人工降雨条件下秸秆覆盖减少水土流失的效应研究 [J]. 水土保持研究 (1)：9-11，40.

陶军，张树杰，焦加国，等，2010. 蚯蚓对秸秆还田土壤细菌生理菌群数量和酶活性的影响 [J]. 生态学报，30 (5)：1306-1311.

田平，姜英，孙悦，等，2019. 不同还田方式对玉米秸秆腐解及土壤养分含量的影响 [J]. 中国生态农业学报（中英文），27 (1)：100-108.

童文杰，邓小鹏，徐照丽，等，2016. 不同耕作深度对土壤物理性状及烤烟根系空间分布特征的影响［J］.中国生态农业学报，24（11）：1464－1472.

汪金平，何圆球，柯建国，等，2006.厢沟免耕秸秆还田对作物及土壤的影响［J］.华中农业大学学报，25（2）：123－127.

王迪，李久生，饶敏杰，2006.玉米冠层对喷灌水量再分配影响的田间试验研究［J］.农业工程学报，23（7）：43－47.

王恩姮，2011.机械耕作与季节性冻融对黑土结构的影响［D］.哈尔滨：东北林业大学.

王凤山，常磊，孙长红，等，2014.秸秆还田和覆膜对西北旱地玉米产量的影响［J］.灌溉排水学报，33（6）：109－112.

王改玲，郝明德，许继光，等，2011.保护性耕作对黄土高原南部地区小麦产量及土壤理化性质的影响［J］.植物营养与肥料学报，17（3）：539－544.

王红梅，2016.供给侧改革与我国农业绿色转型［J］.宏观经济管理（9）：50－54.

王欢，高江波，侯文娟，2018.基于地理探测器的喀斯特不同地貌形态类型区土壤侵蚀定量归因［J］.地理学报，73（9）：1674－1686.

王金武，王奇，唐汉，等，2015.水稻秸秆深埋整秆还田装置设计与试验［J］.农业机械学报，46（9）：112－117.

王静，丁树文，蔡崇法，等，2009.AnnAGNPS模型在丹江库区黑沟河流域的模拟应用与检验［J］.土壤通报，40（4）：907－912.

王峻，薛永，潘剑君，等，2018.耕作和秸秆还田对土壤团聚体有机碳及其作物产量的影响［J］.水土保持学报，32（5）：121－127.

王莉娜，李文龙，王素芳，等，2016.基于遥感和USLE模型的2000－2010年甘肃省土壤侵蚀变化评价［J］.草业科学，33（2）：176－183.

王琳贤，杨浩，张明礼，等，2011.镇江地区不同地类土壤侵蚀—（137）Cs法初步研究［J］.中国水土保持（6）：26－28.

王如芳，张吉旺，董树亭，等，2011.我国玉米主产区秸秆资源利用现状及其效果［J］.应用生态学报，22（6）：1504－1510.

王润泽，谌芸，李铁，等，2018.紫色土区植物篱前淤积带土壤团聚体稳定性特征研究［J］.水土保持学报，32（2）：210－216.

王万忠，1983.黄土地区降雨特性与土壤流失关系的研究［J］.水土保持通报

（4）：7 - 13，65.

王万忠，焦菊英，1996. 中国的土壤侵蚀因子定量评价研究［J］. 水土保持通报，16（5）：1 - 20.

王文娟，张树文，方海燕，2012. 东北典型黑土区坡沟侵蚀耦合关系［J］. 自然资源学报，27（12）：2113 - 2122.

王永壮，陈欣，史奕，2013. 农田土壤中磷素有效性及影响因素［J］. 应用生态学报，24（1）：260 - 268.

王勇强，王玉宽，傅斌，等，2007. 不同耕作方式对紫色土侵蚀的影响［J］. 水土保持研究（3）：333 - 335.

王志明，朱培立，黄东迈，1998. ～（14）C 标记秸秆碳素在淹水土壤中的转化与平衡［J］. 江苏农业学报，14（2）：49 - 54.

韦红波，李锐，杨勤科，2002. 我国植被水土保持功能研究进展［J］. 植物生态学报，26（4）：489 - 496.

魏晗梅，郑粉莉，冯志珍，等，2021. 薄层黑土区流域尺度土壤养分对侵蚀-沉积的响应［J］. 水土保持学报，35（4）：49 - 54.

魏琦，张斌，金书秦，2018. 中国农业绿色发展指数构建及区域比较研究［J］. 农业经济问题（11）：11 - 20.

温磊磊，郑粉莉，沈海鸥，等，2015. 东北典型黑土区农耕土壤团聚体流失特征［J］. 土壤学报，52（3）：489 - 498.

文启孝，1989. 我国土壤有机质和有机肥料研究现状［J］. 土壤学报，26（3）：255 - 261.

吴文玉，张浩，何彬方，等，2019. 淮河流域秸秆焚烧关键期主要大气污染物浓度时空分布特征［J］. 气象与环境学报，35（4）：33 - 39.

夏昊，王云鹏，2009. AnnAGNPS 模型在流溪河下游流域农业非点源污染模拟应用［J］. 环境（S1）：1 - 3.

肖海，刘刚，许文年，等，2014. 利用稀土元素示踪三峡库区小流域模型泥沙来源［J］. 水土保持学报，28（1）：47 - 52.

肖华堂，薛蕾，2021. 我国农业绿色发展水平与效率耦合协调性研究［J］. 农村经济（3）：128 - 134.

肖继兵，孙占祥，杨久廷，等，2011. 半干旱区中耕深松对土壤水分和作物产量的影响 [J]. 土壤通报，42（3）：709-714.

邢素丽，刘孟朝，韩保文，2007.12 年连续施用秸秆和钾肥对土壤钾素含量和分布的影响 [J]. 土壤通报，38（3）：486-490.

徐国伟，常二华，蔡建，2005. 秸秆还田的效应及影响因素 [J]. 耕作与栽培（1）：6-9.

徐国伟，段骅，王志琴，等，2009. 麦秸还田对土壤理化性质及酶活性的影响 [J]. 中国农业科学，42（3）：934-942.

徐国伟，吴长付，刘辉，等，2007. 秸秆还田与氮肥管理对水稻养分吸收的影响 [J]. 农业工程学报，23（7）：191-195.

徐健程，王晓维，朱晓芳，等，2016. 不同绿肥种植模式下玉米秸秆腐解特征研究 [J]. 植物营养与肥料学报，22（1）：48-58.

薛斌，黄丽，鲁剑巍，等，2018. 连续秸秆还田和免耕对土壤团聚体及有机碳的影响 [J]. 水土保持学报，32（1）：182-189.

薛斌，殷志遥，肖琼，等，2017. 油轮作条件下长期秸秆还田对土壤肥力的影响 [J]. 中国农学通报，33（7）：134-141.

焉莉，高强，张志丹，等，2014. 自然降雨条件下减肥和资源再利用对东北黑土玉米地氮磷流失的影响 [J]. 水土保持学报，28（4）：1-6，103.

闫德智，王德建，张刚，等，2012. ～（15）N 标记秸秆在太湖地区水稻土上的氮素矿化特征研究 [J]. 土壤学报，49（1）：77-85.

严立冬，崔元锋，2009. 绿色农业概念的经济学审视 [J]. 中国地质大学学报（社会科学版），9（3）：40-43.

杨首乐，2005. 潮土中小麦秸秆腐解残留率测定方法比较 [J]. 河南农业科学（12）：61-63.

杨武德，王兆骞，眭国平，等，1999. 红壤坡地不同利用方式土壤侵蚀模型研究 [J]. 土壤侵蚀与水土保持学报，1999，5（1）：53-59，69.

叶兴庆，2019. 以绿色托举中国农业 [J]. 中国农业大学学报（社会科学版），36（3）：5-8.

殷志遥，黄丽，薛斌，等，2017. 连续秸秆还田对水稻土中钾素形态的影响

[J]. 土壤通报, 48 (2): 351-358.

尹昌斌, 李福夺, 王术, 等, 2021. 中国农业绿色发展的概念、内涵与原则 [J]. 中国农业资源与区划, 42 (1): 1-6.

尹迪信, 唐华彬, 朱青, 等, 2001. 植物篱逐步梯化技术试验研究 [J]. 水土保持学报, 15 (2): 84-87.

于博, 于晓芳, 高聚林, 等, 2018. 玉米秸秆全量深翻还田对高产田土壤结构的影响 [J]. 中国生态农业学报, 26 (4): 584-592.

于法稳, 2016. 实现我国农业绿色转型发展的思考 [J]. 生态经济, 32 (4): 42-44, 88.

于晓蕾, 吴普特, 汪有科, 等, 2007. 不同秸秆覆盖量对冬小麦生理及土壤温、湿状况的影响 [J]. 灌溉排水学报, 26 (4): 41-44.

余欣荣, 2018. 全面推进农业发展的绿色改革 [N]. 人民日报, 2018-02-08.

袁俊吉, 彭思利, 蒋先军, 等, 2010. 稻田垄作免耕对土壤团聚体和有机质的影响 [J]. 农业工程学报, 26 (12): 153-160.

袁玉强, 2015. 秸秆综合利用研究分析 [J]. 农机使用与维修 (2): 92-93.

苑亚茹, 李禄军, 李娜, 等, 2016. 长期施肥对东北黑土不同活性有机碳库的影响 [J]. 生态学杂志, 35 (6): 1435-1439.

张聪, 慕平, 尚建明, 2018. 长期持续秸秆还田对土壤理化特性、酶活性和产量性状的影响 [J]. 水土保持研究, 25 (1): 92-98.

张电学, 韩志卿, 刘微, 等, 2005. 不同促腐条件下玉米秸秆直接还田的生物学效应研究 [J]. 植物营养与肥料学报, 11 (6): 36-43.

张光辉, 2000. 国外坡面径流分离土壤过程水动力学研究进展 [J]. 水土保持学报, 14 (3): 112-115.

张光辉 2002. 土壤侵蚀模型研究现状与展望 [J]. 水科学进展, 13 (3): 389-396.

张国显, 王闯灵, 谢德平, 等, 1999. 豫西旱作烤烟优质稳产的优化水分管理模式研究 [J]. 干旱地区农业研究, 17 (1): 23-27.

张洪源, 刘明钟, 张家建, 1986. 有机物料在旱地土壤中分解规律的研究 [J]. 土壤肥料 (4): 7-11.

张家俊，龚壁卫，胡波，等，2011. 干湿循环作用下膨胀土裂隙演化规律试验研究 [J]. 岩土力学，32（9）：2729 - 2734.

张经廷，张丽华，吕丽华，等，2018. 还田作物秸秆腐解及其养分释放特征概述 [J]. 核农学报，32（11）：2274 - 2280.

张景源，杨绪红，涂心萌，等，2019. 2014 - 2018 年中国田间秸秆焚烧火点的时空变化 [J]. 农业工程学报，35（19）：191 - 199.

张鹏，贾志宽，王维，等，2012. 秸秆还田对宁南半干旱地区土壤团聚体特征的影响 [J]. 中国农业科学，45（8）：1513 - 1520.

张少良，张兴义，刘晓冰，等，2010. 典型黑土侵蚀区自然植被恢复措施水土保持功效研究 [J]. 水土保持学报，24（1）：73 - 77，81.

张先凤，朱安宁，张佳宝，等，2015. 耕作管理对潮土团聚体形成及有机碳累积的长期效应 [J]. 中国农业科学，48（23）：4639 - 4648.

张骁，赵文武，刘源鑫，2017. 遥感技术在土壤侵蚀研究中的应用述评 [J]. 水土保持通报，37（2）：228 - 238.

张孝存，郑粉莉，安娟，等，2013. 典型黑土区坡耕地土壤侵蚀对土壤有机质和氮的影响 [J]. 干旱地区农业研究，31（4）：182 - 186.

张兴义，陈强，陈渊，等，2013. 东北北部冷凉区免耕土壤的特性及作物效应 [J]. 中国农业科学，46（11）：2271 - 2277.

张燕，2009. 中国秸秆资源 "5F" 利用方式的效益对比探析 [J]. 中国农学通报，25（23）：45 - 51.

张一澜，文安邦，严冬春，等，2014. 赤水河流域不同土地利用类型土壤侵蚀的～（137）Cs 法研究 [J]. 地球与环境，42（2）：187 - 192.

张英，邴慧，2015. 基于压汞法的冻融循环对土体孔隙特征影响的试验研究 [J]. 冰川冻土，37（1）：169 - 174.

张玉斌，曹宁，许晓鸿，等，2009. 吉林省低山丘陵区水土保持措施对土壤颗粒组成和速效养分影响分析 [J]. 中国农学通报，25（20）：287 - 291.

张治伟，朱章雄，王燕，等，2010. 岩溶坡地不同利用类型土壤入渗性能及其影响因素 [J]. 农业工程学报，26（6）：71 - 76.

张宗祜，1996. 黄土高原区域环境地质问题及治理. 北京：科学出版社.

赵光旭，王全九，张鹏宇，等，2016. 短坡坡长变化对坡地风沙土产流产沙及氮磷流失的影响 [J]. 水土保持学报，30 (4)：13 - 18.

赵军，葛翠萍，孟凯，等，2007. 海伦市土地利用与土壤侵蚀时空变化分析 [J]. 水土保持通报，27 (2)：67 - 71.

赵赛东，2015. 不同水土保持措施对黑土坡耕地土壤侵蚀及肥力的影响 [D]. 哈尔滨：东北农业大学，2015.

赵旭珍，李纯乾，2016. 不同下垫面条件下土壤养分流失研究概况 [J]. 中国农学通报，32 (21)：129 - 133.

赵玉明，刘宝元，姜洪涛，2012. 东北黑土区垄向的分布及其对土壤侵蚀的影响 [J]. 水土保持研究，19 (5)：1 - 6.

郑粉莉，边锋，卢嘉，等，2016. 雨型对东北典型黑土区顺坡垄作坡面土壤侵蚀的影响 [J]. 农业机械学报，47 (2)：90 - 97.

郑粉莉，张锋，王彬，2010. 近 100 年植被破坏侵蚀环境下土壤质量退化过程的定量评价 [J]. 生态学报，30 (22)：6044 - 6051.

郑世清，周佩华，1988. 土壤容重和降雨强度与土壤侵蚀和入渗关系的定量分析 [J]. 中国科学院西北水土保持研究所集刊 (1)：53 - 56.

中国科学院南京土壤研究所，1978. 土壤理化分析 [M]. 上海：上海科学技术出版社.

钟华平，岳燕珍，樊江文，2003. 中国作物秸秆资源及其利用 [J]. 资源科学，25 (4)：62 - 67.

周凌云，周刘宗，徐梦雄，1996. 农田秸秆覆盖节水效应研究 [J]. 生态农业研究，4 (3)：51 - 54.

周佩华，田均良，刘普灵，等，1997. 黄土高原土壤侵蚀与稀土元素示踪研究 [J]. 水土保持研究，4 (2)：2 - 9.

周旗，李诚固，2004. 我国绿色农业布局问题研究 [J]. 人文地理 (1)：42 - 46，41.

朱培立，王志明，黄东迈，等，2001. 无机氮对土壤中有机碳矿化影响的探讨 [J]. 土壤学报，38 (4)：457 - 463.

Abdullah A S, 2014. Minimum tillage and residue management increase soil water content, soil organic matter and canola seed yield and seed oil content in the semiarid areas of Northern Iraq [J]. Soil and tillage research, 144: 150 - 155.

Akkal - Corfini N, Morvan T, Menasseri - Aubry S, et al, 2010. Nitrogen mineralization, plant uptake and nitrate leaching following the incorporation of (15N) - labeled cauliflower crop residues (Brassica oleracea) into the soil: a 3 - year lysimeter study [J]. Plant and Soil, 328 (1 - 2): 17 - 26.

Antonio S, Margherita C, Ting F, 2009. The Dualistic Model of European Agriculture: a Theoretical Framework for the Endogenous Development [J]. Annals of Dunărea De Jos University Fascicle I Economics & Applied Informatics, Fascicle I (1): 219 - 226.

Bakht J, Shafi M, Jan M T, et al, 2009. Influence of crop residue management, cropping system and N fertilizer on soil N and C dynamics and sustainable wheat (Triticum aestivum L.) production [J]. Soil and Tillage Research, 104 (2): 233 - 240.

Bardgett R D, Van Der Putten W H, 2014. Belowground biodiversity and ecosystem functioning [J]. Nature, 515 (7528): 505.

Barthes B, Roose E, 2002. Aggregate stability as an indicator of soil susceptibility to runoff and erosion: validation at several levels [J]. Catena, 47 (2): 133 - 149.

Baumann K, Marschner P, Smernik R J, et al, 2009. Residue chemistry and microbial community structure during decomposition of eucalypt, wheat and vetch residues [J]. Soil Biology and Biochemistry, 41 (9): 1966 - 1975.

Benites J R, Derpsch R, McGarry D, 2003. The current status and future growth potential of Conservation Agriculture in the world context [J]. Proceedings on CD of ISTRO, 16.

Beri V, Sidhu B S, Bahl G S, et al, 1995. Nitrogen and phosphorus transformations as affected by crop residue management practices and their influence on crop yield [J]. Soil Use and Management, 11 (2): 51 - 54.

Bhandari A L, Ladha J K, Pathak H, et al, 2002. Yield and soil nutrient

changes in a long-term rice-wheat rotation in India [J]. Soil Science Socie-
ty of America Journal, 66 (1): 162-170.

Bhattacharyya R, Fullen M A, Davies K, et al, 2010. Use of palm-mat geo-
textiles for rainsplash erosion control [J]. Geomorphology, 119 (1-2):
52-61.

Borrelli P, Robinson D A, Fleischer L R, et al, 2017. An assessment of the
global impact of 21st century land use change on soil erosion [J]. Nature
communications, 8 (1): 1-13.

Bronick C J, Lal R, 2005. Soil structure and management: a review [J].
Geoderma, 124 (1-2): 3-22.

Busscher W J, Bauer P J, Frederick J R, 2002. Recompaction of a coastal
loamy sand after deep tillage as a function of subsequent cumulative rainfall
[J]. Soil and Tillage Research, 68 (1): 49-57.

Castro F C, Lourenco A, de F G M, et al, 2002. Aggregate stability under
different soil management systems in a red latosol in the state of Parana, Bra-
zil [J]. Soil & Tillage Research, 65 (1): 45-51.

Castro H F, Classen A T, Austin E E, et al, 2010. Soil microbial community
responses to multiple experimental climate change drivers [J].
Appl. Environ. Microbiol, 76 (4): 999-1007.

Chen Y, Liu S, Li H, et al, 2011. Effects of conservation tillage on corn and
soybean yield in the humid continental climate region of Northeast China [J].
Soil and Tillage Research, 115: 56-61.

Choudhury S G, Srivastava S, Singh R, et al, 2014. Tillage and residue man-
agement effects on soil aggregation, organic carbon dynamics and yield attrib-
ute in rice-wheat cropping system under reclaimed sodic soil [J]. Soil and
Tillage Research, 136: 76-83.

Dahiya R, Ingwersen J, Streck T, 2007. The effect of mulching and tillage on
the water and temperature regimes of a loess soil: Experimental findings and
modeling [J]. Soil and Tillage Research, 96 (1-2): 52-63.

de Vries F T，Thébault E，Liiri M，et al，2013. Soil food web properties explain ecosystem services across European land use systems [J]. Proceedings of the National Academy of Sciences，110（35）：14296 - 14301.

Deng X P，Shan L，Zhang H，et al，2006. Improving agricultural water use efficiency in arid and semiarid areas of China [J]. Agricultural water management，80（1 - 3）：23 - 40.

Dexter A R，1988. Advances in characterization of soil structure [J]. Soil and tillage research，11（3 - 4）：199 - 238.

DU Z，REN T，HU C，et al，2013. Soil aggregate stability and aggregate - associated carbon under different tillage systems in the North China Plain [J]. Journal of Integrative Agriculture，12（11）：2114 - 2123.

Ellison W D，Ellison O T，1947. Soil erosion studies. Part VI. Soil detachment by surface flow [J]. Agric. Eng，28（9）：402 - 406.

Ellison W D，1945. Some effects of raindrops and surface - flow on soil erosion and infiltration [J]. Eos，Transactions American Geophysical Union，26（3）：415 - 429.

Emmet D M，1970. Sociological theory and philosophical analysis：a collection [M]. London：Macmillan.

Evans J E，Levine N S，Roberts S J，et al，2002. Assessment using GIS and sediment routing of the proposed removal of Ballville Dam，Sandusky River，Ohio [J]. JAWRA Journal of the American Water Resources Association，38（6）：1549 - 1565.

Fabrizzi K P，Garcia F O，Costa J L，et al，2005. Soil water dynamics，physical properties and corn and wheat responses to minimum and no - tillage systems in the southern Pampas of Argentina [J]. Soil and Tillage Research，81（1）：57 - 69.

Flanagan D C，Foster G R，1989. Storm pattern effect on nitrogen and phosphorus losses in surface runoff [J]. Transactions of the ASAE，32（2）：535 - 544.

Foster G R, 1972. A closed‐form soil erosion equation for upland areas [J]. Sedimentation, 12: 1‐19.

Fox D M, Bryan R B, Price A G. The influence of slope angle on final infiltration rate for interrill conditions [J]. Geoderma, 1997, 80 (1‐2): 181‐194.

Franzluebbers A J, Schomberg H H, Endale D M, 2007. Surface‐soil responses to paraplowing of long‐term no‐tillage cropland in the Southern Piedmont USA [J]. Soil and Tillage Research, 96 (1‐2): 303‐315.

Fryrear D W, Lyles L, 1977. Wind erosion research accomplishments and needs [J]. Transactions of the ASAE, 20 (5): 916‐918.

Gao Z, Chae N, Kim J, et al, 2004. Modeling of surface energy partitioning, surface temperature, and soil wetness in the Tibetan prairie using the Simple Biosphere Model 2 (SiB2) [J]. Journal of Geophysical Research: Atmospheres, 109 (D6).

Gburek W J, Sharpley A N, 1998. Hydrologic controls on phosphorus loss from upland agricultural watersheds [J]. Journal of Environmental Quality, 27 (2): 267‐277.

Ghadiri H, Rose C W, 1991. Sorbed chemical transport in overland flow: I. A nutrient and pesticide enrichment mechanism [R]. American Society of Agronomy, Crop Science Society of America, and Soil Science Society of America.

Gijsman A J, Oberson A, Friesen D K, et al, 1997. Nutrient cycling through microbial biomass under rice‐pasture rotations replacing native savanna [J]. Soil Biology and Biochemistry, 29 (9‐10): 1433‐1441.

Giménez R, Govers G, 2001. Interaction between bed roughness and flow hydraulics in eroding rills [J]. Water Resources Research, 37 (3): 791‐799.

Giménez R, Govers G, 2008. Effects of freshly incorporated straw residue on rill erosion and hydraulics [J]. Catena, 72 (2): 214‐223.

Gu Z, Xie Y, Gao Y, et al, 2018. Quantitative assessment of soil productivity and predicted impacts of water erosion in the black soil region of northeastern

China [J]. Science of the total environment, 637: 706 - 716.

Guo T, Wang Q, Li D, et al, 2013. Flow hydraulic characteristic effect on sediment and solute transport on slope erosion [J]. Catena, 107: 145 - 153.

Guo T, Zhang Q, Ai C, et al, 2018. Nitrogen enrichment regulates straw decomposition and its associated microbial community in a double - rice cropping system [J]. Scientific reports, 8 (1): 1847.

Guo Z, Wang D Z, 2013. Long - term effects of returning wheat straw to croplands on soil compaction and nutrient availability under conventional tillage [J]. Plant, Soil and Environment, 59 (6): 280 - 286.

Gupta R K, Ladha J K, Singh J, et al, 2007. Yield and phosphorus transformations in a rice - wheat system with crop residue and phosphorus management [J]. Soil Science Society of America Journal, 71 (5): 1500 - 1507.

Gupta R K, Sidhu H S, 2009. Nitrogen and residue management effects on agronomic productivity and nitrogen use efficiency in rice - wheat system in Indian Punjab [J]. Nutrient cycling in agroecosystems, 84 (2): 141 - 154.

Guy B T, Dickinson W T, Rudra R P, 1987. The roles of rainfall and runoff in the sediment transport capacity of interrill flow [J]. Transactions of the ASAE, 30 (5): 1378 - 1386.

Han W, He M, 2010. The application of exogenous cellulase to improve soil fertility and plant growth due to acceleration of straw decomposition [J]. Bioresource technology, 101 (10): 3724 - 3731.

Hansen E M, Munkholm L J, Melander B, et al, 2010. Can non - inversion tillage and straw retainment reduce N leaching in cereal - based crop rotations? [J]. Soil and Tillage Research, 109 (1): 1 - 8.

Heitkamp F, Wendland M, Offenberger K, et al, 2012. Implications of input estimation, residue quality and carbon saturation on the predictive power of the Rothamsted Carbon Model [J]. Geoderma, 170: 168 - 175.

Hou X, Li R, Jia Z, et al, 2012. Effects of rotational tillage practices on soil properties, winter wheat yields and water - use efficiency in semi - arid areas of north‑west China [J]. Field crops research, 129: 7‑13.

Hu F, Xu C, Li H, et al, 2015. Particles interaction forces and their effects on soil aggregates breakdown [J]. Soil and Tillage Research, 147: 1‑9.

Hudson N W, 1963. Raindrop size distribution in high intensity storms [J]. Rhodesian Journal of Agricultural Research, 1 (1): 6‑11.

Jin K, Cornelis W M, Gabriels D, et al, 2009. Residue cover and rainfall intensity effects on runoff soil organic carbon losses [J]. Catena, 78 (1): 81‑86.

Jones D L, 1998. Organic acids in the rhizosphere‑a critical review [J]. Plant and soil, 205 (1): 25‑44.

Kiani‑Harchegani M, Sadeghi S H, Asadi H, 2018. Comparing grain size distribution of sediment and original soil under raindrop detachment and rain‑drop‑induced and flow transport mechanism [J]. Hydrological Sciences Journal, 63 (2): 312‑323.

Kinnell P I A, 1990. The mechanics of raindrop induced flow transport [J]. Soil Research, 28 (4): 497‑516.

Kirkby M, 2002. Modelling the interactions between soil surface properties and water erosion [J]. Catena, 46 (2‑3): 89‑102.

Koohafkan P, Altieri M A, Gimenez E H, 2012. Green Agriculture: foundations for biodiverse, resilient and productive agricultural systems [J]. International Journal of Agricultural Sustainability, 10 (1): 61‑75.

Kumar S, Pandey D S, Rana N S, 2004. Effect of tillage, rice residue and ni‑trogen‑management practice on yield of wheat (Triticum aestivum) and chemical properties of soil under rice (Oryza sativa)‑wheat system [J]. Indian Journal of Agronomy, 49 (4): 223‑225.

Lal R, Shukla M K, 2004. Principles of soil physics [M]. Florida: CRC Press.

Lan Z M, Lin X J, Wang F, et al, 2012. Phosphorus availability and rice grain yield in a paddy soil in response to long‑term fertilization [J]. Biology and fertility of soils, 48 (5): 579‑588.

Lassu T, Seeger M, Peters P, et al, 2015. The Wageningen rainfall simulator: Set up and calibration of an indoor nozzle type rainfall simulator for soil erosion studies [J]. Land degradation & development, 26 (6): 604 - 612.

Laws J O, Parsons D A, 1943. The relation of raindrop size to intensity [J]. Eos, Transactions American Geophysical Union, 24 (2): 452 - 460.

Leonard J, Andrieux P, 1998. Infiltration characteristics of soils in Mediterranean vineyards in Southern France [J]. Catena, 32 (3 - 4): 209 - 223.

Li G, Zheng F, Lu J, et al, 2016. Inflow rate impact on hillslope erosion processes and flow hydrodynamics [J]. Soil Science Society of America Journal, 80 (3): 711 - 719.

Li H, Cao Y, Wang X, et al, 2017. Evaluation on the Production of Food Crop Straw in China from 2006 to 2014 [J]. BioEnergy Research, 10 (3): 949 - 957.

Li H, Cruse R M, Bingner R L, et al, 2016. Evaluating ephemeral gully erosion impact on Zea mays L. yield and economics using AnnAGNPS [J]. Soil and Tillage Research, 155: 157 - 165.

Li H, Dai M, Dai S, et al, 2018. Current status and environment impact of direct straw return in China's cropland - A review [J]. Ecotoxicology and environmental safety, 159: 293 - 300.

Li Z, Liu W Z, Zhang X C, et al, 2011. Assessing the site - specific impacts of climate change on hydrology, soil erosion and crop yields in the Loess Plateau of China [J]. Climatic Change, 105 (1 - 2): 223 - 242.

Lindstrom M J, Schumacher T E, Cogo N P, et al, 1998. Tillage effects on water runoff and soil erosion after sod [J]. Journal of Soil and Water Conservation, 53 (1): 59 - 63.

Liu S, Yan C, He W, et al, 2015. Effects of different tillage practices on soil water - stable aggregation and organic carbon distribution in dryland farming in Northern China [J]. Acta Ecologica Sinica, 35 (4): 65 - 69.

Liu X, Zhang S, Zhang X, et al, 2011. Soil erosion control practices in Northeast China: A mini - review [J]. Soil and Tillage Research, 117: 44 - 48.

Lützow M, Kögel - Knabner I, Ekschmitt K, et al, 2006. Stabilization of organic matter in temperate soils: mechanisms and their relevance under different soil conditions - a review [J]. European Journal of Soil Science, 57 (4): 426 - 445.

Ma L, Ahuja L R, Shaffer M J, et al, 1991. Decomposition of surface crop residues in long - term studies of dryland agroecosystems [J]. Agronomy journal, 91 (3): 401 - 409.

Ma R M, Li Z X, Cai C F, et al, 2014. The dynamic response of splash erosion to aggregate mechanical breakdown through rainfall simulation events in Ultisols (subtropical China) [J]. Catena, 121: 279 - 287.

Malhi S S, Nyborg M, Solberg E D, et al, 2011. Long - term straw management and N fertilizer rate effects on quantity and quality of organic C and N and some chemical properties in two contrasting soils in Western Canada [J]. Biology and Fertility of Soils, 47 (7): 785 - 800.

Maringanti C, Chaubey I, Popp J, 2009. Development of a multiobjective optimization tool for the selection and placement of best management practices for nonpoint source pollution control [J]. Water Resources Research, 45 (6) .

Marzen M, Iserloh T, Casper M C, et al, 2015. Quantification of particle detachment by rain splash and wind - driven rain splash [J]. Catena, 127: 135 - 141.

McDowell R W, Stewart I, 2006. The phosphorus composition of contrasting soils in pastoral, native and forest management in Otago, New Zealand: Sequential extraction and 31P NMR [J]. Geoderma, 130 (1 - 2): 176 - 189.

Medeiros J C, Serrano R E, Martos J L H, et al, 1997. Effect of various soil tillage systems on structure development in a Haploxeralf of central Spain [J]. Soil technology, 11 (2): 197 - 204.

Montenegro A A A, Abrantes J, De Lima J, et al, 2013. Impact of mulching on soil and water dynamics under intermittent simulated rainfall [J]. Catena，109：139－149.

Moon Y S，Sonn Y H，1996. Productive energy consumption and economic growth：An endogenous growth model and its empirical application ［J］. Resource & Energy Economics，18（2）：189－200.

Moss A J，Green T W，1987. Erosive effects of the large water drops（gravity drops）that fall from plants ［J］. Soil Research，25（1）：9－20.

Motavalli P P，Stevens W E，Hartwig G，2003. Remediation of subsoil compaction and compaction effects on corn N availability by deep tillage and application of poultry manure in a sandy－textured soil ［J］. Soil and tillage research，71（2）：121－131.

Mulumba L N，Lal R，2008. Mulching effects on selected soil physical properties ［J］. Soil and Tillage Research，98（1）：106－111.

Myers J L，Wagger M G，1996. Runoff and sediment loss from three tillage systems under simulated rainfall ［J］. Soil and Tillage Research，39（1－2）：115－129.

Novak M D，Chen W，Orchansky A L，et al，2000. Turbulent exchange processes within and above a straw mulch.：Part I: Mean wind speed and turbulent statistics ［J］. Agricultural and forest meteorology，102（2－3）：139－154.

Nyamadzawo G，Gotosa J，Muvengwi J，et al，2012. The effect of catena position on greenhouse gas emissions from dambo located termite（Odontotermes transvaalensis）mounds from central Zimbabwe ［J］. Atmosphere and Climate Sciences，2：501－509.

Oades J M，1984. Soil organic matter and structural stability：mechanisms and implications for management ［J］. Plant and soil，76（1－3）：319－337.

Oztas T，Fayetorbay F，2003. Effect of freezing and thawing processes on soil aggregate stability ［J］. Catena，52（1）：1－8.

Pan C，Shangguan Z，2006. Runoff hydraulic characteristics and sediment generation in sloped grassplots under simulated rainfall conditions ［J］. Journal of Hydrology, 331 (1-2): 178-185.

Pannell D J, Llewellyn R S, Corbeels M, 2014. The farm-level economics of conservation agriculture for resource-poor farmers [J]. Agriculture, ecosystems & environment, 187: 52-64.

Panteleit J, Horgan F G, Türke M, et al, 2018. Effects of detritivorous invertebrates on the decomposition of rice straw: evidence from a microcosm experiment [J]. Paddy and Water Environment, 16 (2): 279-286.

Petric I, Šestan A, Šestan I, 2009. Influence of wheat straw addition on composting of poultry manure [J]. Process Safety and Environmental Protection, 87 (3): 206-212.

Phiri S, Amézquita E, Rao I M, et al, 2001. Disc harrowing intensity and its impact on soil properties and plant growth of agropastoral systems in the Llanos of Colombia [J]. Soil and Tillage Research, 62 (3-4): 131-143.

Pimentel D, Hepperly P, Hanson J, et al, 2005. Environmental, Energetic, and Economic Comparisons of Organic and Conventional Farming Systems [J]. BioScience, 55 (7): 573-582.

Recous S, Robin D, Darwis D, et al, 1995. Soil inorganic N availability: effect on maize residue decomposition [J]. Soil Biology and Biochemistry, 27 (12): 1529-1538.

Risch A C, Jurgensen M F, Frank D A, 2007. Effects of grazing and soil micro-climate on decomposition rates in a spatio-temporally heterogeneous grassland [J]. Plant and Soil, 298 (1-2): 191-201.

Roca-Pérez L, Martínez C, Marcilla P, et al, 2009. Composting rice straw with sewage sludge and compost effects on the soil-plant system [J]. Chemosphere, 75 (6): 781-787.

Rodrigo Comino J, Iserloh T, Morvan X, et al, 2016. Soil erosion processes in European vineyards: a qualitative comparison of rainfall simulation measurements in Germany, Spain and France [J]. Hydrology, 3 (1): 6.

Rogers B F, Tate Iii R L, 2001. Temporal analysis of the soil microbial community along a toposequence in Pineland soils [J]. Soil Biology and Biochemistry, 33 (10): 1389 - 1401.

Saha P K, Miah M A M, Hossain A, et al, 2009. Contribution of rice straw to potassium supply in rice - fallow - rice cropping pattern [J]. Bangladesh Journal of Agricultural Research, 34 (4): 633 - 643.

Santi A L, Damian J M, Cherubin M R, et al, 2016. Soil physical and hydraulic changes in different yielding zones under no - tillage in Brazil [J]. African Journal of Agricultural Research, 11 (15): 1326 - 1335.

Shah Z, Shah S H, Peoples M B, et al, 2003. Crop residue and fertiliser N effects on nitrogen fixation and yields of legume - cereal rotations and soil organic fertility [J]. Field Crops Research, 83 (1): 1 - 11.

Sharma P, Abrol V, Sharma R K, 2011. Impact of tillage and mulch management on economics, energy requirement and crop performance in maize - wheat rotation in rainfed subhumid inceptisols, India [J]. European journal of agronomy, 34 (1): 46 - 51.

Shelton D R, Sadeghi A M, McCarty G W, et al, 1997. A soil core method for estimating N - mineralization and denitrification during cover crop decomposition [J]. Soil science, 162 (7): 510 - 517.

Silalertruksa T, Gheewala S H, 2013. A comparative LCA of rice straw utilization for fuels and fertilizer in Thailand [J]. Bioresource technology, 150: 412 - 419.

Six J, Bossuyt H, Degryze S, et al, 2004. A history of research on the link between (micro) aggregates, soil biota, and soil organic matter dynamics [J]. Soil and Tillage Research, 79 (1): 7 - 31.

Six J, Conant R T, Paul E A, et al, 2002. Stabilization mechanisms of soil organic matter: implications for C - saturation of soils [J]. Plant and soil, 241 (2): 155 - 176.

Six J, Elliott E T, Paustian K, 2000. Soil structure and soil organic matter II. A normalized stability index and the effect of mineralogy [J]. Soil Science

Society of America Journal, 64 (3): 1042 – 1049.

Spohn M, Giani L, 2010. Water – stable aggregates, glomalin – related soil protein, and carbohydrates in a chronosequence of sandy hydromorphic soils [J]. Soil Biology and Biochemistry, 42 (9): 1505 – 1511.

Stein O R, Neibling W H, Logan T J, et al, 1986. Runoff and Soil Loss as Influenced by Tillage and Residue Cover 1 [J]. Soil Science Society of America Journal, 50 (6): 1527 – 1531.

Stevens C J, Quinton J N, Bailey A P, et al, 2009. The effects of minimal tillage, contour cultivation and in – field vegetative barriers on soil erosion and phosphorus loss [J]. Soil and Tillage Research, 106 (1): 145 – 151.

Sun H Y, Wang C X, Wang X D, et al, 2013. Changes in soil organic carbon and its chemical fractions under different tillage practices on loess soils of the Guanzhong Plain in north - west China [J]. Soil Use and Management, 29 (3): 344 – 353.

Sun T, Cruse R M, Chen Q, et al, 2014. Design and initial evaluation of a portable in situ runoff and sediment monitoring device [J]. Journal of hydrology, 519: 1141 – 1148.

Tan D S, Jin J Y, Huang S W, 2008. Effect of long – term K fertilizer application and returning wheat straw to soil on crop yield and soil K under different planting systems in northwestern China [J]. Plant Nutrition and Fertilizer Science, 14 (5): 886 – 893.

Tang S, Cheng W, Hu R, et al, 2016. Simulating the effects of soil temperature and moisture in the off – rice season on rice straw decomposition and subsequent CH_4 production during the growth season in a paddy soil [J]. Biology and Fertility of Soils, 52 (5): 739 – 748.

Tisdall J M, Oades J M, 1982. Organic matter and water - stable aggregates in soils [J]. Journal of soil science, 33 (2): 141 – 163.

Tosti G, Benincasa P, Farneselli M, et al, 2012. Green manuring effect of pure and mixed barley – hairy vetch winter cover crops on maize and processing tomato N nutrition [J]. European Journal of Agronomy, 43: 136 – 146.

Van Dijk A, Bruijnzeel L A, Rosewell C J, 2002. Rainfall intensity – kinetic energy relationships: a critical literature appraisal [J]. Journal of Hydrology, 261 (1 – 4): 1 – 23.

Vanhala P, Karhu K, Tuomi M, et al, 2008. Temperature sensitivity of soil organic matter decomposition in southern and northern areas of the boreal forest zone [J]. Soil biology and biochemistry, 40 (7): 1758 – 1764.

Wakiyama Y, Onda Y, Nanko K, et al, 2010. Estimation of temporal variation in splash detachment in two Japanese cypress plantations of contrasting age [J]. Earth Surface Processes and Landforms, 35 (9): 993 – 1005.

Wang X, Dai K, Zhang D, et al, 2011. Dryland maize yields and water use efficiency in response to tillage/crop stubble and nutrient management practices in China [J]. Field Crops Research, 120 (1): 47 – 57.

Wang Y J, Bi Y Y, Gao C Y, 2010. The assessment and utilization of straw resources in China [J]. Agricultural Sciences in China, 9 (12): 1807 – 1815.

Wang Y, Shao M, Liu Z, et al, 2012. Regional spatial pattern of deep soil water content and its influencing factors [J]. Hydrological Sciences Journal, 57 (2): 265 – 281.

Warrington D N, Mamedov A I, Bhardwaj A K, et al, 2009. Primary particle size distribution of eroded material affected by degree of aggregate slaking and seal development [J]. European Journal of Soil Science, 60 (1): 84 – 93.

Watanabe T, Man L H, Vien D M, et al, 2009. Effects of continuous rice straw compost application on rice yield and soil properties in the Mekong Delta [J]. Soil science and plant nutrition, 55 (6): 754 – 763.

Wright S F, Anderson R L, 2000. Aggregate stability and glomalin in alternative crop rotations for the central Great Plains [J]. Biology and Fertility of Soils, 31 (3 – 4): 249 – 253.

Wuddivira M N, Stone R J, Ekwue E I, 2009. Clay, organic matter, and wetting effects on splash detachment and aggregate breakdown under intense rainfall [J]. Soil Science Society of America Journal, 73 (1): 226 - 232.

Xiao L, Hu Y, Greenwood P, et al, 2015. The use of a raindrop aggregate destruction device to evaluate sediment and soil organic carbon transport [J]. Geographica Helvetica, 70 (2): 167 - 174.

Xu K, Wang Y, Su H, et al, 2013. Effect of land - use changes on nonpoint source pollution in the Xizhi River watershed, Guangdong, China [J]. Hydrological Processes, 27 (18): 2557 - 2566.

Xu X L, Liu W, Kong Y P, et al, 2009. Runoff and water erosion on road side - slopes: Effects of rainfall characteristics and slope length [J]. Transportation research part D: transport and environment, 14 (7): 497 - 501.

Xu X Z, Xu Y, Chen S C, et al, 2010. Soil loss and conservation in the black soil region of Northeast China: a retrospective study [J]. Environmental science & policy, 13 (8): 793 - 800.

Yang H, Feng J, Zhai S, et al, 2016. Long - term ditch - buried straw return alters soil water potential, temperature, and microbial communities in a rice - wheat rotation system [J]. Soil and Tillage Research, 163: 21 - 31.

Yang T, Xu C, Zhang Q, et al, 2012. DEM - based numerical modelling of runoff and soil erosion processes in the hilly - gully loess regions [J]. Stochastic environmental research and risk assessment, 26 (4): 581 - 597.

Yang W, Zheng F, Han Y, et al, 2016. Investigating spatial distribution of soil quality index and its impacts on corn yield in a cultivated catchment of the Chinese mollisol region [J]. Soil Science Society of America Journal, 80 (2): 317 - 327.

Yoon Y N, Wenzel H G, 1971. Mechanics of sheet flow under simulated rainfall [J]. Journal of the Hydraulics Division, 97 (9): 1367 - 1386.

Young R A, Wiersma J L, 1973. The role of rainfall impact in soil detachment and transport [J]. Water Resources Research, 9 (6): 1629 - 1636.

Yu C, Qin J, Xu J, et al, 2010. Straw combustion in circulating fluidized bed at low - temperature: Transformation and distribution of potassium [J].

The Canadian Journal of Chemical Engineering, 88 (5): 874 - 880.

Yu S, Shang J, Zhao J, et al, 2003. Factor analysis and dynamics of water quality of the Songhua River, Northeast China [J]. Water, Air, and Soil Pollution, 144 (1): 159 - 169.

Zayed G, Abdel - Motaal H, 2005. Bio - active composts from rice straw enriched with rock phosphate and their effect on the phosphorous nutrition and microbial community in rhizosphere of cowpea [J]. Bioresource Technology, 96 (8): 929 - 935.

Zhang Y, Deng L, Yan W, et al, 2016. Interaction of soil water storage dynamics and long - term natural vegetation succession on the Loess Plateau, China [J]. Catena, 137: 52 - 60.

Zhang Y, Wu Y, Liu B, et al, 2007. Characteristics and factors controlling the development of ephemeral gullies in cultivated catchments of black soil region, Northeast China [J]. Soil and Tillage Research, 96 (1 - 2): 28 - 41.

Zhao C, Gao J, Huang Y, et al, 2016. Effects of vegetation stems on hydraulics of overland flow under varying water discharges [J]. Land Degradation & Development, 27 (3): 748 - 757.

Zhao J, Chen S, Hu R, et al, 2017. Aggregate stability and size distribution of red soils under different land uses integrally regulated by soil organic matter, and iron and aluminum oxides [J]. Soil and Tillage Research, 167: 73 - 79.

Zou G Y, Zhang F S, Ju X T, et al, 2006. Study on soil denitrification in wheat - maize rotation system [J]. Agricultural Sciences in China, 5 (1): 45 - 49.

图书在版编目（CIP）数据

农业绿色发展背景下秸秆还田对坡耕地质量影响研究/
陈帅等著. —北京：中国农业出版社，2023.10
ISBN 978-7-109-31263-0

Ⅰ.①农… Ⅱ.①陈… Ⅲ.①秸秆还田－影响－坡地
－耕地－研究 Ⅳ.①S141.4②F323.211

中国国家版本馆 CIP 数据核字（2023）第 201529 号

中国农业出版社出版
地址：北京市朝阳区麦子店街 18 号楼
邮编：100125
责任编辑：边 疆
责任校对：周丽芳
印刷：中农印务有限公司
版次：2023 年 10 月第 1 版
印次：2023 年 10 月北京第 1 次印刷
发行：新华书店北京发行所
开本：880mm×1230mm 1/32
印张：7
字数：200 千字
定价：33.00 元
